Hedwig von Bismarck
Eine Autobiographie

Reihe *Deutsches Reich – Schriften und Diskurse*
Reichskanzler, Bd. I/VIII

Übertragung von Fraktur in Antiqua

SEVERUS

Bismarck, Hedwig von: Eine Biographie
Übertragung von Fraktur in Antiqua

Hamburg, SEVERUS Verlag 2012

Reihe Deutsches Reich – Schriften und Diskurse
Reichskanzler, Bd. I/VIII
Herausgeber: Björn Bedey

ISBN: 978-3-86347-227-6
Druck: SEVERUS Verlag, Hamburg, 2012

Der SEVERUS Verlag ist ein Imprint der Diplomica Verlag GmbH.

Bibliografische Information der Deutschen Nationalbibliothek:
Die Deutsche Nationalbibliothek verzeichnet diese Publikation in der Deutschen
Nationalbibliografie; detaillierte bibliografische Daten sind im Internet über http://dnb.d-
nb.de abrufbar.

Vorwort

zur Reihe *Deutsches Reich – Schriften und Diskurse*

Verehrter Leser,

aus der politisch-historischen Perspektive betrachtet, bezeichnet das Deutsche Reich den deutschen Nationalstaat in den Jahren von 1871 bis 1945. In dieser Zeitspanne von 74 Jahren – dem Lebensalter eines Menschen entsprechend – entwickelte sich der erste einheitliche Nationalstaat aller Deutschen von einer Monarchie (dem Deutschen Kaiserreich von 1871 bis 1918) über eine pluralistische, gemischt präsidial-parlamentarische Demokratie (der Weimarer Republik von 1919 bis 1933) bis hin zu einer totalitären Diktatur (der nationalsozialistischen Herrschaft von 1933 bis 1945). Das Deutsche Reich hatte in diesem Zeitraum zwei Weltkriege zu verantworten.

Die politischen sowie persönlichen Erfahrungen und Handlungen der Deutschen in der Zeit des Deutschen Reiches waren und sind die historische Bürde, aber auch das historische Fundament der von den Siegermächten des zweiten Weltkriegs 1949 gegründeten Bundesrepublik Deutschland. Auch für die seit 1990 bestehende Berliner Republik wirkt das Deutsche Reich immer noch nach und bestimmt auch die politischen Handlungsoptionen nachhaltig. Für das Verständnis unserer politischen Gegenwart und die Abwägung der Handlungsoptionen für die Zukunft ist die Kenntnis dieser Grundlagen unerlässlich.

Zeitzeugen aus dem Deutschen Kaiserreich und auch aus der Weimarer Republik leben nicht mehr. In wenigen Jahren werden auch die persönlichen Berichte aus der Zeit der Diktatur der Nationalsozialisten nur noch als audiovisuelle Aufzeichnung verfügbar sein.

Wer waren jedoch die entscheidenden Köpfe in dieser Zeit? Was bewegte die Herrschenden und die Opposition? Wie kam es zu den Entwicklungen? Diesen Fragen widmet sich diese Buchreihe, in der Schriften aus der Zeit des Deutschen Reiches wieder verlegt und damit der Nachwelt für das authentische Quellenstudium zugänglich gemacht werden.

Gerade in unserem, dem sogenannten *digitalen* Zeitalter, ist die Gefahr der Vernichtung und vor allem der Verfälschung von Quellen so groß wie bisher in keiner anderen Phase der Neuzeit. Die Bibliotheken sind gezwungen, mit immer geringeren Budgets zu haushalten und können den Interessierten nur noch selten den Zugang zu den Schriftstücken im Original gewähren. Die Anzahl antiquarischer Bücher sinkt stetig aufgrund des altersbedingten Verfalls, der unvermeidbaren Zerstörung durch Unfälle und Naturkatastrophen sowie des Abhandenkommens durch Diebstahl. Viele Titel verschwinden zudem in den Regalen von Sammlern und sind für die Allgemeinheit nicht mehr zugänglich. Das Internet mit seinem vermeintlich unbegrenzten Zugriff auf Informationen stellt sich immer mehr als die große Bedrohung für Überlieferungen aus der Vergangenheit heraus. Die Bezugsquellen der digitalen Daten sind nicht nachhaltig, die Authentizität der Inhalte nicht gewährleistet und deren Überprüfbarkeit längst unmöglich. Die Digitalisierung von Bibliotheksbeständen erfolgt meist automatisiert und erfasst die Schriften häufig lückenhaft und in schlechter Qualität. Die digitalen Speichermedien wie Magnetplatten, Magnetbänder oder optische Speicher haben im Gegensatz zu Papier nur einen sehr kurzen Nutzungszeitraum.

In der vorliegenden Reihe *Deutsches Reich – Schriften und Diskurse* werden authentische Schriften und Reden der Reichskanzler, begleitende Texte Parlamentsabgeordneter und Ideologen der Parteien, sowie allgemeine politisch-historische Abhandlungen verlegt.

Björn Bedey
Herausgeber der Reihe *Deutsches Reich: Schriften und Diskurse*

Vorwort

zum vorliegenden Werk

Im Lexikon findet man unter dem Eintrag „Autobiographie" die Bedeutung Darstellung des eigenen Lebens durch literarische Stilmittel. Dabei gibt es verschiedene Formen und Ausprägungen, von der einfachen Chronologie bis zu einer kunstvollen, erzählenden Gestaltung. Über die reine Neugier des Lesers an Lebensstationen einer öffentlich bekannten oder ehemals einflussreichen Persönlichkeit hinausgehend, steht allerdings noch das Erkenntnisinteresse zur nachträglichen Wertung. Inwiefern versucht sich der Autor oder die Autorin in einem bestimmten Licht darzustellen, versucht er/sie gemachte Fehler zu verteidigen, seinem/ihrem Wirken im Leben einen Sinn zuzuschreiben.

Man kann wohl allgemein festhalten, dass niemand eine Beschreibung des eigenen Lebens wirklich objektiv bewerkstelligen kann. Ganz im Gegenteil, eine sachliche und neutrale Berichterstattung steht der subjektiven Autorenposition genau gegenüber. Zu groß ist die Gefahr, Bedeutungsvolles wegzulassen, dafür Unwichtiges hinzuzufügen, eigene Gewichtungen vorzunehmen – ob beabsichtigt oder nicht. Aber genau das macht den Sinn und den Reiz dieses literarischen Genres aus: Beim Lesen über eine Person und wie sie das Leben bis hier-her gemeistert hat, entdeckt man immer auch etwas über die Zeit, in der die Person gelebt hat, welche Ansichten vorherrschend waren, wie die verschiedenen gesellschaftlichen Schichten im Verhältnis zueinander standen und vieles mehr.

Hedwig Auguste Viktoria Bismarck (1815–1913) schreibt ihre Erinnerungen im Jahre 1910. Anders als ihr im Volke bekannter und im Deutschen Kaiserreich hochverehrter Cousin Otto von Bismarck, der „Eiserne Kanzler", verfasst sie die Betrachtungen ihres so ereignisreichen Lebens eher als Privatperson, da sie niemals auf solch exponierte Weise in der Öffentlichkeit stand wie Otto. Den Leser erwarten daher die intime Charakterstudie einer emanzipierten Frau des 19. Jahrhunderts und private Momente aus ihrem Leben.

Die Tochter des in den Napoleonischen Kriegen hoch dekorierten Friedrich von Bismarck-Schönhausen und Caroline von Bredow verbringt ihre Kindheitstage vornehmlich mit ihrem Cousin Otto. Vom selben Jahrgang wie Hedwig, ist diesem jedoch noch nicht anzu-merken, dass er einmal die Geschicke Preußens bestimmen und das Deutsche Kaiserreich aus der Taufe heben wird. Er habe sie mit allen nur erdenklichen Kinderkrankheiten angesteckt und laut Hedwigs Mutter maßgeblich dafür gesorgt, dass Dummheiten und Schaber-nack sich auf ihre Tochter übertragen hätten.

Das ländliche Leben ist von Arbeit, Schafkopfspielen und gelegentlichen Ablenkungen geprägt, wie beispielsweise dörflichen Hochzeiten oder den für gewöhnlich zweimal im Jahr stattfindenden Besuchen der weitverzweigten Verwandschaft in und um Berlin. Die großen Feste und vor allem die Reisen in die schon damals prächtige Stadt stellen für die junge Hedwig ein Abenteuer dar. Es ist ein Eintauchen in eine, vom sonst so bäuerlich geprägten Idyll, völlig andere Welt. Zumal das Verreisen in den Tagen um die 1820er Jahre noch etwas ganz anderes gewesen war als in heutigen Tagen: jeglichen Komfort hätte man vermisst und die Reise nach Berlin, die per Eisenbahn in der Gegenwart von 1910 in kurzer Zeit zu bewerkstelligen sei, habe anno dazumal mit dem Pferdewagen mehrere Tage gedauert.

Hedwig genießt eine solide Schulbildung bis zum 16. Lebensjahr, besucht die Tanzschule, wird fromm im Glauben an das Christentum erzogen. Bereits 20-jährig will sie selbst ihren Unterhalt bestreiten. Deshalb zieht es sie nach Birkholz, der Nachbargemeinde Schönhau-sens, wo sie in eine Familie mit sechs Kindern kommt, der sie mehr als zehn Jahre als Erzie-herin treu ist. Das Ehepaar Langenn könnte unterschiedlicher nicht sein: sie streng und lau-nenhaft, er liebenswürdig und zugänglich. Dennoch gelingt es Hedwig nicht nur, beider Respekt zu erlangen, son-

dern der Familie treu verbunden zu bleiben. Sie wird das Ehepaar überleben und schließlich in das Haus der ältesten Tochter Clara wechseln,
um dort wiederum für deren Kinder zu sorgen. Heutzutage würde man
darüber staunen, wie jemand mit einfachsten Schulkenntnissen eine
Stelle als Gouvernante antreten könnte; damals seien es andere Zeiten
gewesen.

1848, das Jahr der gescheiterten Revolution in Deutschland, erlebt
sie in Berlin, wo sie mittlerweile als Angestellte in einem Mädchen-
pensionat arbeitet. Das Donnern von Kanonen und das Knattern von
Gewehrfeuer gehören ab sofort zum Alltag. Sie muss, anders als bisher,
nicht nur für die Studienbemühungen der Mädchen Sorge tragen, sondern auch für deren Überleben. Der andauernde Schrecken um das Wohl
der ihr Anvertrauten werden zu einem ständigen Begleiter.

Hedwig verbringt die darauf folgenden Jahre damit, der mittlerweile
verheirateten ältesten Tochter Clara der Langennschen Familie als Kinderfrau für ihre Sprösslinge zu dienen. Zum Krieg gegen Frankreich
1870/71 verlässt sie die Familie, um als Mitarbeiterin im Barackenlazarett verwundete Soldaten zu verarzten. Dieses baut sie mit einer Anzahl von Frauen von Grund auf neu, organisiert den Betrieb, verteilt die
Vorräte und wacht über den reibungslosen Betrieb der einzelnen Ab-
teilungen. Sie schafft es, den bisweilen über 500 Barackeninsassen die
traumatischen Kriegserlebnisse erträglicher zu machen. Für ihre mit-
fühlende Art und ihre kompetente Führung des Hospitals wird sie vom
Kaiserehepaar Wilhelm I. und Augusta gewürdigt.

Der Tod ihr nahestehender Personen begleitet sie ihr Leben lang. Ein
Sohn der ihr so eng verbundenen Familie Langenn fällt im Krieg. Sie
überführt den Leichnam vom Bahnhof von Schönrade, bringt ihn den
Eltern und trauert mit ihnen. Sie habe ihn von Kind auf wie einen eigenen Sohn geliebt; der Verlust ist für sie schwer zu verkraften. Sie hilft
dabei, den Mann ihrer engsten Freundin aus den Lazarett-Tagen von
Berlin, Kriegsminister von Roon, zu pflegen und ihn bis zum Ende zu
begleiten. Und schließlich erlebt sie den Tag, an dem ihr Spielgefährte

aus Kindertagen, nach einem Leben für die Politik und für das Deutsche Reich, stirbt. Kurz vor dem Tod ihres Cousins Otto, des mittlerweile pensionierten Alt-Reichskanzlers, besucht sie zunächst noch einmal Schönhausen, 70 Jahre nach den so glück-lichen, gemeinsamen Kindertagen. Daraufhin trifft sie zu einem letzten Besuch in Friedrichs-ruh ein, dem Alterssitz Ottos von Bismarck. Sie tauschen gemeinsame Erinnerungen aus, und Hedwig entdeckt in ihm trotz seiner Gebrechlichkeit den ehemalig großen Lenker des Staates und Gründer des Reiches. Obwohl sich nach den Kindertagen ihre Lebenswege immer nur kurz zu berühren scheinen, sind sie, trotz aller Unterschiede in Charakter und Karrieren, Seelenverwandte. Die „ebenbürtigen Spielgefährten" sagen sich Lebewohl.

An der Darstellung von Hedwigs Lebensgeschichte lässt sich sehr gut erkennen, dass hier das Medium der Autobiographie eine Symbiose aus Geschichte und Literatur darzustellen vermag.

Ihre großen Themen sind das Aufwachsen und die Erziehung von Kindern, das Reisen in einer sich industrialisierenden Welt, das preußische Herrscherhaus sowie die gesellschaftlichen Veränderungen hin zum Deutschen Kaiserreich und auch die geführten Kriege auf dem Weg dorthin. Als Bismarcks Cousine beschreibt Hedwig in ihren Memoiren nicht nur die liebgewonnenen Erinnerungen an ihren später so berühmten Cousin und wie sie mit ihm auf dem Gut Schönhausen in der Nähe von Berlin aufwuchs, sondern sie schildert wie nebenbei und doch bewusst eine kultur-historische Geschichte des 19. Jahrhunderts. Vom selben Ge-burtsjahrgang wie der Eiserne Kanzler, erlebt Hedwig die großen Ereignisse im von Auf-stän-den und kriegerischen Auseinandersetzungen so reichen Jahrhundert: Die Revolution von 1848/49, den Krieg mit Österreich im Jahr 1866, den Deutsch-Französischen Krieg im Jahr 1870/71, der schließlich in der Grün-dung des Deutschen Reiches gipfelt. Damit begleitet Hedwig die deutsche Geschichte ihr Leben lang (und umgekehrt), auch wenn sie sie nicht ak-tiv politisch oder gesellschaftlich gestalten kann wie ihr Vetter.

Die Schilderung ihrer Lebensgeschichte verknüpft sie stets mit der sozialen und zeitgeschichtlichen Entwicklung; zunächst Preußens, später dann auch des Deutschen Kaiserrei-ches. Mit dieser Autobiographie legt sie ein Zeugnis ab über ihr Wirken als jedem männlichen Zeitgenossen gleichberechtigte Frau. Als eine Frau, die ihren Lebensweg das Jahrhundert hindurch zu meistern weiß.

Sebastian Liedtke
Sebastian Liedtke studierte Neuere, Neueste und Zeitgeschichte an der Universität Bremen und arbeitet derzeit als Lektor beim Severus Verlag.

Inhalt

Vorwort

„Vor Cousine Hedwig nehme ich den Hut ab!"

Dieser Ausspruch des Fürsten Bismarck über die Verfasserin der „Erinnerungen" möge als Geleitwort für die Herausgabe dieser schlichten Blätter dienen.

Ein äußerlich einfaches, ja unscheinbares Frauenleben stellt sich darin dar, dessen Trägerin fast ein Jahrhundert lang ihren Weg durch Freud und Leid des Erdenwandels suchte und fand. Das alte Goethewort: „Greift nur hinein ins volle Menschenleben, und wo ihr's packt, da ist's interessant" hat noch überall seine Gültigkeit. So werden auch die Leser dieser Blätter bei aller Einfachheit und Anspruchslosigkeit, mit der die bald Hundertjährige hier erzählt, die Erinnerungen mit dem Gefühl lebhafter Teilnahme verfolgen und nicht ohne jene innere Befriedigung aus der Hand legen, die uns die Begegnung mit einem Menschen einlöst, der sich tapfer und bescheiden, pflichttreu und hilfsbereit, klug und liebevoll, mit hellem Blick für das Echte und Schöne im Leben und zugleich mit köstlich frischem Humor, an der Hand seines Gottes, kernhaft durch ein langes Leben kämpfte.

Hedwig v. Bismarck sagte im Rückblick auf die Vergangenheit:
„Je älter man wird, je mehr lernt man Gottes Allmacht anzustaunen. Was der liebe Gott nicht alles kann, aus solchem Feuergeist wie ich, einen ruhigen, alten Menschen zu machen! Aber er hat auch seine Arbeit damit gehabt und arbeitet immer noch sachte weiter:
Man halte nur ein wenig stille
Und sei doch in sich selbst vergnügt,
Wie uns'res Gottes Gnadenwille
Und sein' Allwissenheit es fügt."
Wohl dem, der am Abend seines Lebens so sprechen kann!

Wie treffenden Witz und frischen Humor sich die Greisin bewahrte, beweist folgendes Geschichtchen. Als sie das 80. Lebensjahr erreicht

15

hatte, machte sie ihr Testament. Der den Richter vertretende junge Assessor richtete bei dieser Gelegenheit gewohnheitsmäßig die vorgeschriebenen Fragen nach ihrem Alter usw. an sie und fragte, im Zuge bleibend: „Leben Ihre Eltern noch?" Auf diese der 80-jährigen gegenüber etwas verblüffende Zumutung, erwiderte Tante Bechen ohne Zögern: „Nein, aber meine Großmutter, die macht heute gerade eine Landpartie in den Grunewald."

„Tante Bechen", so heißt sie bei allen, die ihr näher stehen, und wohl allen, die diesen Namen nennen, weckt er liebe Erinnerungen.

Einen besonders lebhaften Ausdruck fanden diese bei Gelegenheit der Feier ihres 90. Geburtstages. Er wurde als ein Fest, an dem weite Kreise sich beteiligten, in Schönrade gefeiert, im Hause des Herrn v. Wedemeyer, des Sohnes ihrer verstorbenen Freundin Clara, von der in den „Erinnerungen" noch oft die Rede sein wird. Nahezu die ganze Familie v. Wedemeyer, Mitglieder der Geschlechter Bismarck und Bredow, sowie ungezählte andere Freunde und Bekannte aus alter und neuer Zeit hatten sich persönlich, schriftlich oder telegraphisch dazu eingefunden. Auch die Kaiserin sandte eine schöne, mit Blumen gefüllte Jardiniere aus Berliner Porzellan und ein huldvolles Telegramm. Eine Fülle von Blumen und zahlreiche Geschenke, neben allerlei Aufführungen scherzhafter und ernster Art, hauptsächlich von der Jugend veranstaltet, erfreuten die Greisin und erhoben das Fest zu einem jener seltenen Gipfel im Leben, von denen aus das Herz in dankbarer Anknüpfung an die Vergangenheit sich der Gegenwart erfreut und die Zukunft getrost und gläubig in Gottes Hand stellt. So ist ihr Leben reich an der Liebe und Teilnahme, die sie einst selbst gesäet, und deren Goldkörner nun als volle Garben ihren Lebensabend verschönen.

Auf Tante Bechen paßt daher das Dichterwort:

16

„Wer Liebe sät, der geht auch im Entbehren
Im Alter durch die Welt,
Als ging er zwischen lauter reifen Ahren
Im eig'nen Ährenfeld."

Wie dankbar sie selbst zurückschaut, mag zum Schluß dieser Zeilen eine Stelle aus einem ihrer Briefe zeigen. Sie schreibt: „Viele Erinnerungen ziehen in bunten Bildern an mir vorüber. Du weißt, daß das Leben schwer, recht schwer war, aber es ist doch nahe am Abend und – es ist Licht! Es ist nicht allein, daß ich Gott für all das Gute, für den reichen Schatz Eurer Liebe danke, ich danke Ihm noch mehr, daß Er in unendlicher Geduld das Herz stille machte und all die Unruhe, den Eigenwillen und das Verzagen besiegte."

So klingt ihr Leben aus in dem Wort des Psalmisten:

„Nicht uns, Herr, nicht uns, sondern Deinem Namen die Ehre!"

von
Helene von Krause geb. von Boddien.

Einleitung

„Aber sage uns, liebes Tante Bechen," – dahin hatten Kinderlippen und Liebesausdrücke meinen stolzen Namen gewandelt, – „also sage uns," so rief eine muntere Kinderschar, „warum willst du denn mit dem langweiligen Personenzug fahren? Vier Stunden eher mußt du abreisen und kommst nur 1½ Stunde früher in Berlin an, als mit dem Kurierzuge." Obgleich verschiedenen Alters, sonst oft verschiedener Meinung, waren hier alle einig, und in den Augen stand deutlich geschrieben, was zu sagen sie sich scheuten: Na, alte Leute sind eben wunderlich! Mich störte weder der laut ausgesprochene, noch der auf den Gesichtern zu lesende Tadel, und ich sagte ruhig: „Die durch die frühere Ankunft gewonnene Zeit ist mir gerade viel wert. Fast fünf Monate bin ich von meinem kleinen Heim abwesend, und da komme ich gern zu früher Stunde an. Ich finde vielerlei zu ordnen, um einigermaßen die Gemütlichkeit in den so lange unbewohnten Räumen wiederherzustellen; da wird es auch trotz der frühen Ankunft spät, ehe ich alter Mensch zur Ruhe komme. Und dann – ihr denkt, es ist furchtbar, mit dem Personenzug zu fahren; wie werdet ihr erst staunen, wenn ihr hört, wie ich früher gereist bin.

Es war dieselbe Entfernung, von Friedeberg nach Berlin; statt Eisenbahn–Chaussee, und da bin ich zwei Nächte unterwegs gewesen, erst den dritten Tag angekommen! Von der Hinreise ist mir die Erinnerung nicht mehr klar, sie muß also, den damaligen Verhältnissen entsprechend, ziemlich rasch, ohne besondere Schwierigkeiten gemacht sein. Euch freilich würde sie wie eine Schneckenpost vorkommen, wir aber waren befriedigt; denn mehr als ein Nachtquartier brachte sie sicher nicht, vielleicht sind wir auch mit wechselnden Postpferden die Nacht hindurch gefahren, und die Pferde aus Birkholz, langsam folgend, nach Berlin gegangen.

Es war Juni und Wollmarkt. Eure Urgroßeltern, Herr und Frau von Langenn-Steinkeller aus Birkholz, reisten mit zwei 8 und 10 Jahre alten Töchtern und mir dazu nach Berlin. Dieser Markt war damals ein großes

Ereignis, da die Wolle fast den bedeutendsten Teil der landwirtschaftlichen Einnahmen bildete. Die meisten Wirtschafts- und Luxuseinkäufe wurden dann gemacht, und die leeren Wollwagen brachten alles mit nach Hause. Diese mannigfachen Besorgungen nahmen natürlich mehrere Tage in Anspruch. Ich brachte diese Zeit im Hause meines Bruders zu. Wie aber alles schließlich ein Ende hat, so auch die Tage in Berlin. Wir rüsteten zum Aufbruch und die Familie teilte sich.

Eure Urgroßeltern und ihre älteste Tochter Clara, eure Großmutter, mit dem einen Wagen, den großen, älteren Pferden und dem alten Kutscher Karras, diesem Original, wie es nur jene Zeit aufweisen konnte, und von dem ich euch später erzählen werde, reisten nach Warmbrunn. Die jungen Pferde, ein junger Kutscher, Tante Lisbeth, die um wenige Jahre jüngere Schwester eurer Großmutter, und ich, wir fuhren unter dem Schutz des alten Schäfers Kruschke nach Birkholz zurück.

Es mochte 12 Uhr mittags sein, als wir von dem Hotel de Portugal in der Burgstraße aufbrachen. Vor mir stand ein großer lederner Kober, sonst zu Lebensmitteln für die Reise bestimmt, jetzt mit harten Talern, dem Reste des Wollgeldes, gefüllt. Zum Glück war ich keine ängstliche Natur, sonst hätte ich mit klopfendem Herzen an Diebe und Mörder gedacht. So sorgte ich nicht darum, traute Kruschke, und es begann die Reise.

Durch die König- und Frankfurterstraße, zum Frankfurter Tor hinaus, immer langsam, um die jungen Pferde zu schonen, ging es die einförmige Chaussee entlang.

Nachdem einmal vor dem Krug in Tatzdorf gehalten und den Pferden etwas Futter gegeben war, der Kutscher und Kruschke eine leibliche Erquickung eingenommen, ihr Gemüt noch mehr am gemütlichen Schnack erholt hatten, ging es in demselben Tempo weiter. Die Ruhe hatte wohl 1 Stunde gedauert, es standen ja noch am Krug viele der heimkehrenden Wollwagen; die Lenker derselben und die begleitenden Schäfer mußten doch in Gemütsruhe ihre Erlebnisse aus der Residenz austauschen. Wir

20

saßen inzwischen im Wagen und waren von Geschrei hin und her und Tabaksdampf, von nicht gerade feinster Sorte, umgeben.

Müncheberg, damals die Trennung der Chausseen nach Preußen und Schlesien, war der nächste Haltepunkt, die Unruhe dort fast noch größer, als in Tasdorf, die Unterhaltung jedenfalls lebhafter und länger. Kruschke redete uns zu, eine Tasse Kaffee zu trinken und brachte sie an den Wagen. Echter Mokka war es gerade nicht, aber für die durch Staub und Hitze trockenen Kehlen und Lippen immerhin eine kleine Erquickung. Das Ziel der Tagereise war nicht mehr fern: in Selow sollten wir über Nacht bleiben und kamen nach 8 Uhr dort im ersten Hotel an. Mancher Dorfkrug ist jetzt besser. Ein dürftiges Abendbrot war bald verzehrt, und nicht ahnend, war nur noch bevorstünde, sahen wir vom Fenster aus dem Bau einer Ehrenpforte zu, durch die am nächsten Tage Friedrich Wilhelm IV. fahren sollte, der als Kronprinz im Jahre 1839 mit seiner Gemahlin eine Reise nach Ostpreußen machte.

Nachdem dann Kruschke den Schatzkasten vor mein Bett gestellt hatte, legten wir uns nieder, aber an Schlafen war nicht zu denken; das Zimmern und Hämmern an der Ehrenpforte ging die ganze Nacht hindurch, und halb Selow staunte, schwatzend und lachend, die werdende Herrlichkeit an.

So empfanden wir es wie eine Wohltat, als wir am frühen Morgen weiterfuhren. Nach einigen Stunden kamen wir an Küstrin vorüber.
Die Kühle des Morgens machte keine Rast dort nötig, und so fuhren wir im gemütlichen Schritt bis Vietz. Dort wurde die in Küstrin versäumte Rast nachgeholt; denn 4 Stunden sollten die Pferde ruhen und fressen. Unsere bescheidene Mahlzeit wurde schnell eingenommen. Im Zimmer des Kruges war es höchst ungemütlich: Fliegen in unsagbarer Menge, dazu Bier und Tabaksduft, also wandelten wir hinaus. Vietz war damals noch nicht stadtähnlich wie jetzt, und so hatten wir nur die Wahl zwischen kahler Chaussee und fliegendem Sande. Dieser zog uns noch mehr an, wie jene, wir konnten uns doch hinlegen und allerhand Kunst-

werke, wie Backöfen und Walle errichten, an denen Lisbeth Vergnügen und Zeitvertreib hatte.

Nachdem Pferde, Kutscher und Kruschke vom Mittagsschlaf genug hatten, fuhren wir weiter. Landsberg a. d. Warthe war unser nächstes Ziel. Wir kehrten dort bei lieben Bekannten ein, verlebten einen sehr gemütlichen Abend, und unsere Nachtruhe wurde nicht durch den Bau von Ehrenpforten gestört, dafür aber unser Auge am nächsten Morgen um so mehr erfreut durch die festlichen Zurüstungen, die für das durchreisende Kronprinzenpaar getroffen waren. Wir gingen durch alle Straßen und verstanden den Stolz, mit dem die Landsberger auf ihre Leistungen sahen.

Am Posthof sollte umgespannt werden, dort wandelten schon einige weiße Jungfrauen, die den Empfang verherrlichen sollten. Nicht „Goldschmidts", wohl aber Postmeisters Töchterlein sollte im Kreise anderer, gleich ihr Weißgewaschener, eine Rede halten. Die Wahl mochte wohl schwer gefallen sein, hatte Postmeister Krause doch 18 Kinder, und überwiegenden Töchtersegen.

Wie einfach war das alles gegen jetzt – aber die Leute hatten viel Freude. Durch das Wechseln der Pferde, die Reise der hohen Herrschaften auf der Chaussee, wurden viele Städte berührt, und auch die kleinste wollte dem zukünftigen Landesvater Ehre erweisen und der lieblichen Kronprinzeß Blumen streuen.

Daß man sich, wenn es keine Blumen gab, auch zu helfen wußte, bringt mir eine ähnliche Gelegenheit in Erinnerung, bei der ich selbst eine Rolle spielte. Das russische Kaiserpaar, der schöne, stolz aussehende Nikolaus, mit seiner Gemahlin, Prinzeß Charlotte von Preußen, hatten in Lauchstädt bei Herrn von Brand zu Mittag gegessen und wollten nun am Abend in Berlin eintreffen. Das Herrscherpaar berührte hierbei Friedeberg; der kurze Aufenthalt vor dem dortigen Postgebäude durfte nicht ohne Begrüßung vorübergehen. Es war im Frühjahr, und weder Blumen noch grüne Zweige zur Stelle – da griff man kurz entschlossen zu einem profanen Auskunftsmittel – man streute Spinat!

22

Ich war ausersehen, der Kaiserin ein Bukett Rosen und Maiblumen, die im Birkholzer Gewächshaus erblüht waren, zu überreichen. Nicht im obligaten weißen Kleide, sondern in hellblauem, das zu meinen blonden Locken gar nicht schlecht stand. Die Wagen waren dicht von schaulustigen Friedebergern umgeben, doch gelang es zwei Offizieren der dortigen Garnison, mir Platz zu schaffen, und so kam ich zur Kaiserin. Sie nahm die Blumen freundlich dankend an, zog einige Maiglöckchen heraus und sagte: „Bringen Sie diese meiner Tochter im nächsten Wagen." Es war dies die spätere Herzogin von Nassau, damals 14 Jahre alt. Sie starb früh, und ihr zu Ehren ist später die russische Kapelle in Wiesbaden errichtet worden. Die Prinzeß frug, von wem die Blumen kämen, und als ich ihr darüber Bescheid gesagt und kaum zurückgetreten war, zogen die Pferde an, von blasenden Postillonen getrieben, und fort ging es in Eile. – Den Spinat hat wohl kein kaiserliches Auge gesehen. Schade, daß nicht Andersen ihn erblickt, er hätte ein hübsches Märchen darüber schreiben können.

Aber nun zurück nach Landsberg, wo wir das kronprinzliche Paar nicht erwarteten, es aber mit den schnellen Postpferden auf der Chaussee an uns vorüberfahren sahen. Wir kamen, immer hübsch langsam voran, endlich um Mittag über Altenfließ, wo die Chaussee aufhörte, an unserem Reiseziel Birkholz an und wurden dort fast wie Nansen, als er von der Nordpolexpedition heimkehrte, begrüßt. Es war ja auch etwas, worüber man staunen mußte: drei Tage unterwegs! – und jetzt findet ihr schon 4 Stunden zuviel."

Als ich hiervon erzählte, entspann sich folgende Unterhaltung: „Tante Bechen, man möchte fast glauben, du habest nach der Sintflut gelebt, so wunderbar klingen deine Erzählungen," rief eine Stimme, deren Besitzer die ersten Studien in der biblischen Geschichte machte, und da ihm diese Behauptung nachträglich selbst etwas kühn erschien, fügte er hinzu: „Aber 100 Jahre mußt du doch alt sein, und den alten Fritz hast du sicher noch gesehen." Ein großes Gelächter unterbrach den jugendlichen Spre-

23

cher, „100 Jahre soll Tante Bechen alt sein, und wenn selbst das, der alte Fritz ist doch schon länger tot." „Laß gut sein, kleiner Mann," tröstete ich den Geknickten, „ich bin fast 30 Jahre nach dem Tode des alten Fritz geboren, den habe ich nicht mehr gekannt, aber wohl hat ihn eine liebe alte Freundin von mir gesehen. Sie war 1768 im September geboren und starb 1867 im November, also im hundertsten Jahre.

Oft erzählte sie, daß der König, der seinen gewöhnlichen Wohnsitz in Potsdam hatte, zu den Besichtigungen der Truppen nach Berlin gekommen sei. Dann riet man hin und her, ob er in das Hallische oder das Potsdamer Tor hineinkommen würde. Chaussee war von keiner Seite, also der Weg über Teltow nicht sandiger, als der über Zehlendorf.

Die Berliner sind dann, wie zu einer Landpartie, vor beide Tore gepilgert, je nachdem es einem jeden wahrscheinlich schien, das der König den Weg nehmen würde. Ein Teil war dann jedesmal enttäuscht, denn durch ein Tor kam der König nur, nicht, wie einst ein berühmter Taschenspieler, durch alle zugleich.

Zu Pferde kam er immer; die damals so schwerfälligen Wagen benutzte er nur zu größeren Reisen; aus so geringe Entfernung brachte ihn sein getreues Roß, der alte, in Sanssouci unter einer Steinplatte ruhende Schimmel schneller zum Ziel." „Bist du denn auch noch in solch altem Wagen gefahren?" hieß es nun. „In ähnlichen wohl und langsam genug." „Bitte, erzähle uns noch von Reisen, die du gemacht, von Dingen, die du erlebt hast, da ist gewiß viel Spaßiges dabei." „Gewiß wird es euch so erscheinen, aber bedenkt einmal, wie lange Zeit wohl dazu gehören würde, wollte ich euch auch nur annähernd erzählen, was ich dabei Interessantes gesehen habe. Über 95 Jahre vergingen, um es zu erleben. Wollt ihr's wirklich hören, so ist's besser, ich schreibe es für euch auf." Freilich, anders ist die Welt und das Leben in ihr jetzt, und doch war damals vieles besser; man lebte ruhiger, und die Menschen überreizten ihre Nerven nicht, wie heutzutage; sie waren genügsamer. Jetzt reisen Kinder nach Italien und jammern, wenn sie groß sind, daß sie nicht in

24

den Mond reisen können. Damals sah man den, der in Italien gewesen, als eine Art Wundertier an. In jeder Gesellschaft war er gern gesehen; denn er konnte erzählen, was fast allen neu war. Ja, glaubt es mir, jede Zeit hat ihr Gutes, wenn wir es nur verstehen und genießen lernen.

Kindheit

Die Unterhaltung war damit zu Ende, und an die Erfüllung meines Versprechens denkend, will ich einige Blätter meines Lebensbuches vor euch aufschlagen, und wo ihr vielleicht denkt, daß das Gedächtnis der Alten manches vergessen und anderes hinzugefügt hat, um für die Sache Interesse zu erregen, da sage ich euch, daß alles, was ihr lesen werdet, wirklich erlebt ist.

Mein Vater: Friedrich, Heinrich, Bernhard, Alexander von Bismarck-Schönhausen, geb. den 13. April 1783, vermählte sich als Leutnant im Leib-Karabinier-Regiment den 1. Januar 1805 zu Stechow mit Caroline, Luise, Charlotte von Bredow aus dem Hause Landin.

In den ersten Jahren ihrer Ehe haben meine Eltern in Rathenow gelebt, wo mehrere Kinder geboren wurden und früh starben.

Mein Vater, der jüngste von 13 Kindern, stand mit 5 Brüdern beim Leib-Karabinier-Regiment, dessen Chef mein Großvater Bismarck als Generalleutnant war. Mein Vater war mit 13 Jahren als Junker eingetreten.

Einen eigenen Mittagstisch führten damals die jungen Ehepaare nicht; alle Offiziere, verheiratet oder nicht, aßen beim Chef des Regiments, welcher Tafelgelder dafür bekam.

Da war es nun ein greller Kontrast für meine Mutter, als 1806, beim Beginn des Krieges das Regiment ausrückte, und sie dann bald, nach den Unglückstagen von Jena und Auerstädt, in die ganze Unruhe des Kriegslebens hineingezogen wurde.

In Rathenow wurden viele Franzosen einquartiert, und meine Mutter war die einzige in der ganzen Stadt, die Französisch verstand, auch, was mehr war, geläufig sprach. Ihre eigene Mutter war früh gestorben; sie hatte durch die Schriftstellerin Caroline de la Motte-Fouqué, die Besitzerin des in der Nachbarschaft von Landin befindlichen Gutes Nennhausen, eine weit über das Niveau der Allgemeinheit gehende Bildung erhalten.

Mit ihren Sprachkenntnissen mußte sie nun überall vermitteln. Waren Streitigkeiten beim Bürgermeister, gab es Zank zwischen den Leuten, gleich hieß es: *où est donce cette dame, qui parle français?* und diese Frage führte die Leute oft bis an das Bett meiner Mutter.

Auch aus Schönhausen zogen Hilfesuchende bei ihr ein. Schönhausen lag an der großen Heerstraße Magdeburg–Berlin und wurde so von feindlichen Truppen überschwemmt; diese hatten übel gehaust und die Einwohner vielfach gequält und mißhandelt. Auf dem Gutshofe war alles drunter und drüber gegangen; noch lange Zeit erinnerten die alten Ahnenbilder, denen die Franzosen aus Übermut die Augen ausgestochen hatten, daran. So floh denn auch mein Onkel, der Vater des Fürsten mit seiner Familie, und der Ortsgeistliche, Pastor Petri, begleitete ihn mit den Seinen. Sie hatten den langen Weg nach Rathenow, wohl über 3 Meilen, zu Fuß gemacht und die Nacht auf einer Wiese am Wege „der Trüben" genannt, zugebracht. Meine Mutter erzählte, sie seien alle in desolater Verfassung, in übereilter und durch das Nachtlager im Freien nicht gebesserter Toilette bei ihr erschienen.

Mein Onkel, in Pique-Jacke habe ihr zugerufen: „Cousinchen, retten Sie uns!" Ihrer Sprachfertigkeit ist es denn gelungen, daß Marschall Soult, der bei ihr einquartiert war, eine Sauvegarde bewilligt hat. Unter dem Schutze derselben sind die Flüchtlinge heimgekehrt und vor der ferneren Roheit der Soldaten bewahrt geblieben.

Die späteren Kriegsjahre hat meine Mutter in Schönhausen verlebt, wo sie allein dem großen Haushalt vorstand und den vielen Anforderungen der zahlreichen Einquartierung gerecht werden mußte. Da sind denn alle Nationen an ihr vorüber gezogen: Franzosen, wenn auch anspruchsvoll, doch der Dame gegenüber immer höflich, Schweden, Russen und, durch Roheit der Schrecken aller, Italiener.

Die Bequemsten sind die Russen, vor allem die Kosacken, gewesen. Auf dem Platze vor dem Hause wurden Feuer angezündet und darüber

Dreifüße und große Waschkessel gesetzt. Darin wurde Mehlsuppe gekocht und, nachdem sie mit Talg gewürzt, *faute de mieux* wurden auch Talglichter verwandt, vom Popen geweiht und dankbar verzehrt.

Nicht so leicht konnten die anderen befriedigt werden. Durch die Kontinentalsperre waren alle Kolonialwaren auf enorme Preise gestiegen; ein Pfund Kaffee kostete 1 Taler 8 Groschen, Zucker ebensoviel. Da wurde Roggen und Gerste gekocht, mit Sirup nur Mohrrüben. Schweine, Rinder, Hühner, Tauben wurden in Massen geschlachtet, aber reichte das alles für immer neu Herzuströmende?! Kartoffeln, die jetzt so allgemein als Nahrungsmittel dienen, waren damals bei weitem nicht so verbreitet, so war man in der Hauptsache auf Korn angewiesen. Schönhausen zählte zwar zwei Windmühlen, aber wie sollten sie den Bedarf an Mehl zu Brot und Suppen schaffen, wenn Windstille eintrat? Da gab es wohl oft Hungernde und noch mehr Unzufriedene, die sich zu Roheiten verleiten ließen. Erzählte doch meine Mutter, daß ihr ein Italiener mit erhobenem Säbel bis ins Zimmer gefolgt sei, und nur das plötzliche Erscheinen eines Offiziers sie vor Mißhandlungen geschützt habe.

Mein Vater blieb in all den Jahren abwesend. Er war mit dem Karabinier-Regiment ausgezogen. Ob nun dienstliche Bestimmungen oder sein unsteter Geist ihn davongetrieben, weiß ich nicht, jedenfalls hat er während der nun folgenden Kriegsjahre an verschiedenen Stellen gestanden. Er war ein geistig sehr reich begabter Mann, jedoch ist es begreiflich, daß bei der Art und Weise der damaligen Schulbildung sein wissenschaftlicher Standpunkt kein sehr hoher war, als er mit 13 Jahren als Junker in das Regiment seines Vaters eintrat.

Der Generalleutnant v. Bismarck war während der Kindheit seines Sohnes fortwährend abwesend, da er zu den Truppen gehörte, die an der französischen Grenze recht untätig standen. Die höheren Offiziere, unter ihnen Blücher, vertrieben sich die Zeit mit Spiel. Da ist wohl wenig genug für den Haushalt in Rathenow geblieben. Nach meiner Mutter Erzählungen hat ihre Schwiegermutter oft nicht gewußt, woher das Geld schaffen, um den Kindern die Schuhe flicken zu lassen. Bei der Wahl des Hauslehrers entschied sie sich für den, der am wenigsten Bier trank.

Da war natürlich wenig für die Geistes und Willensbildung des aufgeweckten Knaben geschehen. Er folgte auch im späteren Leben jeder Regung des Augenblicks. So trat er als verheirateter Mann dem Schillschen Korps bei, als dies, vom Exerzierplatz bei Berlin aus fortziehend, eigenwillig die Befreiung Magdeburgs unternehmen wollte. Auf diesem Wege wandte Schill sich unserer Heimatgegend zu, und mein Vater erschien plötzlich in der Nacht in Schönhausen. Der Großvater lebte damals dort als verabschiedet und empfing, wie meine Mutter erzählte, den Sohn mit den Worten: „Seid ihr denn alle splitterrasend toll."

Mein Vater hat zu denen gehört, die noch zeitig zurückgekehrt sind, und so ist er dem Geschick derer, die den Tod durch Erschießen fanden, entgangen.

Er hat dann die Freiheitskriege im Lützowschen Korps und teilweise im russischen Dienst, unter Tettenborn, mitgemacht, immer mit Auszeichnung, da ihm hohe Orden zuteil wurden, darunter der Pour le mérite, der St. Annen-Orden und ein ebenfalls vom russischen Kaiser verliehener goldener Säbel.

Als Rittmeister im 2. Westpreußischen Dragoner-Regiment nahm er den Abschied.

In Friedenszeiten ist ja gewiß dem Offizier wissenschaftliche Bildung unerläßlich, um ihn höhere Ziele erreichen zu lassen; in einer Zeit, erst nationaler Erniedrigung und dann Erhebung aber, wo es gilt, das Vaterland zu retten und Weib und Kind zu schützen, da überflügelt der ritterliche und bedeutende Geist die Mängel seiner Ausbildung leichter.

Zu damaligen Zeiten war Schönhausen in zwei Bismarcksche Höfe geteilt. Der eine, größere, mit dem benachbarten Gute Fischbeck, gehörte meinem Vater. „Der andere Hof", wie das Gut mit dem älteren Hause dort genannt wurde, befand sich im Besitz seines Vetters, Ferdinand von Bismarck, des Vaters des nachherigen Reichskanzlers.

Im August des Jahres 1815 bin ich, Hedwig, in Schönhausen geboren. Wenige Monate vorher hatte auf dem anderen Hofe mein großer Vetter das Licht der Welt erblickt.

Taumel und Freude über die großen Siege, die das Jahr gebracht hatte, erfüllten alle Herzen. Ihm hat man Namen gegeben, die nicht weiter an die Siegeszeit erinnern; mich bewahrte nur die ruhige Überlegung meiner Eltern davor, Siegismunda genannt zu werden; diesen Namen hatte die Freundin meiner Mutter, Baronin de la Motte-Fouqué, die meine Pate sein sollte, in ihrer dichterischen Phantasie für mich erdacht. Sie stimmte dann, als dies abgelehnt war, für Siegfriede und ergab sich schließlich, wenn auch trauernd, wie meine Mutter erzählte, darein, daß meinem Rufnamen Hedwig noch Auguste Viktoria hinzugefügt wurde. Es wäre dieser begeisterten Patriotin gewiß eine große Freude gewesen, wenn sie geahnt hätte, welch bedeutende Rolle diese beiden Namen einst im deutschen Kaiserhause spielen würden.

Von den dichterischen Gaben meiner Pate habe ich nichts geerbt. Ich bin als ein höchst prosaisches Gemüt durchs Leben gegangen, dies schloß aber nicht aus, daß ich ein lebhaftes, glückliches Kind war, eine, meinem Vetter Otto damals ebenbürtige Spielgefährtin.

Alle Kinderkrankheiten, Masern, Keuchhusten, teilte er mir freundlichst durch Ansteckung mit. Die Macht, die er später der Welt gegenüber ausübte, erstreckte sich damals hauptsächlich auf mich – die allerdings gern und willig seinen Wünschen folgte. Meine Mutter wurde in Anerkennung unserer Leistungen zu dem Ausspruch veranlaßt: „Was du nicht allein an Torheiten weißt, das lernst du von Otto." Wer hätte wohl damals in dem wilden Jungen den Lenker der Weltgeschichte späterer Jahre geahnt!

Wie oft haben wir beide in dem großen Saal unseres Hauses bei Familienzusammenkünften am Katzentisch gesessen!

Mich entsetzte es damals, daß er Kartoffeln lieber mit der Schale aß, anstatt sie abzuschälen.

Eltern- und Geburtshaus von Hedwig von Bismarck in Schönhausen
(jetzt ebenfalls im Besitz des Fürsten Bismarck)

Später freilich hat er noch ganz anderes als Kartoffelschalen hinunterschlucken müssen.

Meine Toilette war, meiner Wildheit entsprechend, gewöhnlich ziemlich derangiert; Otto trug, der Zeit gemäß, einen Knabenanzug, bestehend aus blauer Tuchjacke mit daran festgenähten Höschen. Das ganze Kleidungsstück, „Habit" genannt, war auf dem Rücken von oben bis unten mit blanken, gelben Knöpfen geschlossen. Dies machte es öfter einem neugierigen Hemdzipfel möglich, am Schluß herauszusehen.

Als dem Fürsten zur Feier seines 70. Geburtstages unser ehemaliges väterliches Gut von der Nation zum Geschenk gemacht wurde, hat er beim ersten Betreten gesagt: „Hier in diesem Saal habe ich oft mit Hedwig „Tod und Leben" gespielt, und das war harmloser, als wenn ich in späteren Zeiten um Leben und Tod spielte."

Zu unseren Schönhausener Kinderfreuden gehörte es auch, wenn sich die Kunde verbreitete, daß eine Hochzeit im Dorf sein sollte. Da wurde zuerst die wichtige Angelegenheit verhandelt, ob die Braut zu dem meinem Vater eigenen Teil des Gutes gehörte, oder zu dem „anderen Hof"; Onkel Ferdinand hatte noch andere Besitzungen in Pommern und war nicht immer anwesend. Gehörte die Braut nicht zu uns, dann ging uns viel Vergnügen verloren. Im anderen Fall war unser Jubel groß, denn es begann dann die Freude an der Hochzeit schon acht Tage vor derselben. Die Braut erschien in ihrem besten Staat, einem roten, kurzen Frießrock, mit blauen Bändern besetzt, ein schwarzes Samtkäppchen mit langen Bändern auf dem Kopf, ein in Falten gelegtes Tuch um die Schultern, die weißen Hemdärmel aus dem fast ärmellosen Jäckchen heraussehend, eine weite, weiße Schürze vorgebunden und, o Wonne, für uns Kinder, mit einem großen Kuchen! Unsere Eltern waren dann beide zugegen; und es entspann sich meist folgende Unterhaltung: mein Vater frug: „Na, Lischen oder Trine," wie sie gerade hieß, „du willst nun friegen?" „Ja, ich dacht doch so, Herr Rittmeister, und ich wollt dann bitten, ob de gnädige Herr mi nich die Ehr anduhn wollte, mich in die

Geburtshaus des Fürsten Bismarck in Schönhausen
(Giebelseite; die Front des Hauses liegt nach der Kirche zu.)

Gezeichnet von Hedwig von Bismarck

Kirche zu führen; und für meinen Freiersmann wollt ich die gnädige Frau um dieselbe Ehre ansprechen."

In der Regel willfahrteten meine Eltern diesem Wunsche der Braut; wir Kinder hatten dann die Freude, daß der Kuchen gleich in Angriff genommen werden konnte. Unsere Gedanken waren natürlich viel bei dem in Aussicht stehenden Fest. Da ich als Kind nicht gerade große Neigung für Waschen und Kämmen hegte, kam sicher wenigstens einmal die Drohung, daß ich ganz gewiß nicht vor der Braut gehen sollte, wenn ich so widerspenstig bei diesem Reinigungsprozeß wäre. Dies verfehlte nie die gehoffte Wirkung, und meine Mutter rühmte, daß ich selten so ordentlich erschienen sei, als in den Tagen vor einer Hochzeit. Endlich kam der große Tag, dem das Brautpaar wohl kaum erregter entgegen sah, als wir. Am Abend vorher wurde alles, was von alten Töpfen im Dorfe übrig war, an den Torweg des Hochzeitshauses geworfen, so daß oft Berge von Scherben davor lagen; Scherben sollten ja Glück bringen. Zur bestimmten Stunde gingen wir in das Hochzeitshaus, wir Schwestern in weißen Kleidern mit Kränzen in den Haaren; meine Mutter in festlichem Staat, und mein Vater im Frack mit allen Orden, die er im Kriege erworben hatte. Der Hochzeitszug ordnete sich dann bald. Voran die Musik, unter denen Posaunenbläser nicht fehlten; dann folgten die Brautjungfern, die schwere, hellblaue, brokatseidene Röcke trugen, welche schon mancher Generation gedient haben mochten. Gestickte Musselinschürzen darüber, das gefaltete Tuch um den Hals, eine bunte Flitterkrone auf dem Kopf über den weit aus der Stirn gelegten Haaren; von der Krone hingen bunte, meist mit Gold durchwirkte Bänder bis zur Taille herab. Es waren oft bis zwanzig junge Mädchen Brautjungfern.

Nach diesen kamen wir Kinder, blumenstreuend, und dann die Braut, zwischen ihrem und meinem Vater. Sie trug einen schweren, schwarzseidenen Brokatrock, in dem wohl schon Urahne und Mutter getraut sein mochten; Schürze und Tuch wie die anderen, die bunte Krone aber mit Myrten durchwunden, daran Bänder, die bis zum Saum des Rockes reichten, vor der Brust einen Strauß von Rosmarin. Einen ebensolchen, aber mit rotem Band geschmückt, trug der Bräutigam, der nun zwischen meiner Mutter und der seinen, wenn sie noch lebte, sonst einer älteren Verwandten einherschritt. Die Brautmutter konnte dem Zuge nicht beiwohnen, da sie im Hause mit den Vorbereitungen zu dem großen Mittagessen zu tun hatte. Nun folgten die Gesellen des Bräutigams und dann alles, was aus Schönhausen und aus anderen Dörfern geladen war.

Die Frauen trugen Kappen von schwarzer Seide mit steifem Futter, vorn breit in große Falten gelegt, mit weißen, ebenfalls gefälteten Verzierungen, dazu Frisuren, die ziemlich hoch standen, und Röcke von feinem, steifen, schwarzen Wollstoff, der im täglichen Leben rotem Fries mit buntem Band besetzt, Platz machte. Die Mädchen trugen ähnliche, oder auch gestreifte Röcke, alle Mieder mit bunten Achseln, aus denen die weißen Hemdärmel heraussahen.

Frauen sowohl wie Mädchen hatten bunte, gefaltete Tücher um die Schultern; erstere trugen dazu die Krone, während bei den Mädchen ein silberner Pfeil, um den das Haar gelegt war, den einzigen Schmuck bildete.

Die Männer gingen in langen, dunklen Röcken, ein Rundkamm, wie ihn jetzt kleine Mädchen tragen, hielt bei den älteren das Haar zurück.

In gleicher Folge, wie auf dem Hinweg, kehrte der Zug ins Hochzeitshaus zurück; hier war alles zum festlichen Schmause bereit. Tische waren in der großen Stube, auf dem Scheunenflur und auf dem Hofe hergerichtet. Der Ehrentisch stand in der großen Stube; an diesem saßen neben dem Brautpaar und dessen nächsten Anverwandten meine Eltern, wir Geschwister und die Familie des Geistlichen, des alten, treuen Pastor Petri.

Im heißen Sommer hätten meine Eltern wohl lieber im Freien als in der dumpfen Stube getafelt, doch wäre dies ein grober Verstoß gegen die althergebrachte Sitte gewesen; der Ehrenplatz war eben unter dem schützenden Dach des Hauses, das die Braut nun verließ.

Nachdem die Musik einen Choral gespielt hatte, wurde Platz genommen. Zuerst wurde Hühnersuppe mit Fleisch und Klößen, in denen große Rosinen nicht fehlen durften, aufgetragen. Dann folgte selbstgebaute Hirse, in Milch gekocht; dazu schritt der Kantor mit weißleinener Schürze, in der er gestoßenen Zimt und Zucker hatte, umher und streute davon jedem Gast auf die Hirse. Waren es besondere reiche Leute, so gab es dann noch Fische; jedenfalls aber folgte Schweinebraten. Es wurden zu solchen Hochzeiten oft sechs bis acht Schweine geschlachtet. Wein ward nur am Ehrentisch getrunken. Mein Vater hielt dann immer eine Rede, in der er das Brautpaar leben ließ. Es wurde noch viel Kuchen aufgetragen, natürlich nicht Torten und Baumkuchen, sondern einfaches Gebäck; und darauf hob man die Tafel auf. Wir gingen nun etwas nach Hause, um auszuruhen, und wurden, wenn das große Zimmer von den Tischen geräumt war, von den Musikanten abgeholt, weil der Tanz begann, den meine Eltern mit dem Brautpaar zu eröffnen hatten. Braut und Brautjungfern trugen jetzt noch den Kirchenstaat; die Braut mußte aber während des ersten Tanzes den schweren Brokatrock abwerfen. Die Brautjungfern haschten danach, und es galt als gewiß, daß diejenige, welche den Rock aufgriff, die nächste Braut sein würde.

Einen besonderen Stolz setzten die Bauern darin, daß die Braut möglichst viel Röcke übereinander trug; je mehr Röcke, für desto wohlhabender galt sie; bei jedem Tanz fiel einer zur Erde. Der erste stand, wie gesagt, den Brautjungfern zu; nach dem zweiten haschten die Junggesellen, und so abwechselnd, bis die Braut im letzten Rocke während des weiteren Festes verblieb. Auch die Brautjungfern legten ihre Staatsgewänder ab; erst dann begann der Tanz recht lebhaft und allgemein, und wir Kinder mischten uns gern unter die Paare. Nur bei der beliebten und oft wiederholten Kußquadrille blieben wir Zuschauer.

Es war dies eine Art Contretanz, bei welchem die zusammenkommenden Tänzer und Tänzerinnen in einer Art *chassez-croisez* sich begegneten und einander herzhaft küßten. Nachdem wir noch einige Zeit dem Tanze beigewohnt, kehrten wir von Eltern und Brautpaar bis zur Hoftür begleitet, unter vielen Danksagungen nach Hause zurück.

Das Fest selbst dauerte meist mehrere Tage. Die Gäste schliefen abwechselnd in Scheunfluren und Bodenkammern, aßen und tranken was noch da war, besonders viel Kaffee mit Kuchen und Bierkaltschale, die in großen Schüsseln, mit je einem Löffel für alle, bereit stand. Schnaps wurde nie getrunken, und so blieb der Ton immer ein durchaus anständiger.

Nach den Festtagen zogen endlich die Leute alle befriedigt und froh, noch große Kuchenpakete mitnehmend, nach Hause, und ich möchte heute noch sagen: „es war doch eine schöne Zeit damals!"

Dieses Mitleben meiner Eltern mit den Leuten brachte es ihnen ein, daß man sie „sehr gemein" nannte, eine dörfliche Bezeichnung für freundlich und herablassend. Aber auch, was an Freud und Leid die Herrschaft betraf, wurde von allen Einwohnern Schönhausens mit empfunden.

Noch sehe ich, wie im Jahre 1821 alle Männer aus den Höfen kamen, um meinem Onkel Ernst, der ein Bruder vom Vater des Fürsten war, die letzte Ehre zu erweisen, wie der Schönhauser Schulze Kunow die Seinen sammelte, und wie dann aus Fischbeck, dem dazugehörigen Dorfe, der Schulze Lindstaedt an der Spitze seiner Gemeinde erschien.

Alle blieben vor dem Herrenhofe stehen, bis die Glocken läuteten, und es wurden die Männer gewählt, die den Sarg tragen sollten.

Mich quälte damals der Gedanke, wie die Seele hätte zum Himmel fahren können, da doch alle Fenster geschlossen waren. Mancher, der älter ist, als das 5-jährige Kind, quält sich noch heute mit dem „Wie", mag auch das Fenster weit offen stehen.

Der Sarg wurde, von dem großen Geleite gefolgt, in den Garten getragen, wo die Beerdigung stattfand.

Zwei ältere, früh verstorbene Geschwister des Fürsten, Alexander und Luise, sind auch dort, mitten in einem Gebüsch begraben; ich habe beide Gräber bei einem späteren Besuch in Schönhausen wiedergefunden. Bestattungen im Garten waren damals sehr gebräuchlich, und ich glaube kaum, daß die Grabstätte des Onkel Ernst vorher durch kirchlichen Segen geweiht wurde.

38

Onkel Ernst, den wir alle sehr liebten, war bedeutend älter als sein Bruder Ferdinand. Ihm gehörte das Gut Ünglingen am anderen Elbufer, bei Stendal gelegen. Da dort kein Wohnhaus war, was ihm gefiel, oder, wohl noch mehr, um alte Erinnerungen zu fliehen, mochte er nicht dort wohnen, sondern war nach Schönhausen gezogen, in das Haus des Bruders der ja nur zeitweise auf seinem Eigentum lebte.

Meine Mutter erzählte mir oft von dem, was störend in Onkel Ernsts Leben eingegriffen hatte. Auf einer Reise hatte er in Thüringen ein wunderschönes Mädchen, ein Fräulein von Miltitz, kennengelernt und eine glückliche Ehe mit ihr geschlossen. Meine Mutter schilderte die junge Frau als eine große Schönheit, mit dunklem Haar, herrlichen blauen Augen und einem wunderbaren Liebreiz.

Der Bruder Ferdinand war zu jener Zeit Offizier und kehrte nach langer Abwesenheit zu Besuch in Ünglingen ein; da überwältigten ihn Schönheit und Liebreiz der Schwägerin beim ersten Anblick in der Weise, daß er ohnmächtig zusammenbrach.

War es nur Mitleiden der Frau, oder erwiderte sie die Neigung? Darüber wußte meine Mutter nichts zu sagen. Kurz, es ist dadurch zu traurigen Störungen in der Ehe des älteren Bruders gekommen, die zuletzt sogar eine Scheidung eingeleitet haben. Vollzogen ist diese nicht, da die Frau durch ein unheilbares Leiden in der Blüte ihrer Jahre dahingerafft wurde.

Der Gatte hat den Verlust mit tiefem Schmerz, aber still getragen; Ferdinand ist verzweifelnd fortgegangen und hat erklärt: wenn er je heiratete, so könne dies nur eine Brünette, der verstorbenen ähnliche Frau sein.

Doch was sind menschliche Entschlüsse! Nach mehreren Jahren ist er wieder nach Schönhausen zurückgekehrt und zu der Frau des Geistlichen, mit dem die Familie sehr befreundet war, ins Zimmer gestürzt, mit den Worten:

„Frau Prediger, ich heirate, und zwar eine Blondine!"

Die Braut war Wilhelmine Menke, Tochter eines Kämmerers des Königs Friedrich Wilhelm III.

Ernst Bismarcks und Luise von Miltitzs Sohn war der erste der Grafen Bismarck-Bohlen; er mußte letzteren Namen dem seinigen hinzufügen, weil er die letzte Tochter dieses aussterbenden Geschlechts, die Besitzerin von Karlsburg, geheiratet hatte. Er war ein selten schöner Mann und soll seiner Mutter sehr ähnlich gewesen sein.

Onkel Ernst aber saß zu der Zeit, in die meine Erinnerungen reichen, einsam zu Schönhausen im Hause seines Bruders. Das Verhältnis beider war ein freundliches; mit der Schwägerin Wilhelmine blieb sich Ernst immer fremd; er nannte sie eine Fischnatur.

Mag dieser Ausdruck auch nicht allewege zutreffend gewesen sein, so blieb sie doch für uns Kinder auch ihre eigenen, eine unnahbare Größe. In meiner Erinnerung lebt des Fürsten Mutter fort als eine kalte, sich wenig an die Menschen um sie her anschließende Frau. Irgendeiner herzlichen Äußerung gegen einen von uns wüßte ich mich nicht zu erinnern.

Anders Onkel Ferdinand! Der hatte für uns immer ein freundliches Wort oder einen heiteren Scherz, besonders wenn Otto und ich auf seinen Knien ritten. Wilhelmine Bismarck war groß und blond, besaß aber nicht, wie jetzt öfter behauptet wird, die schönen, blauen Augen, die ihr Sohn Otto noch im Alter hatte; sie war viel elend und dann teilnahmlos.

Das heute so allgemeine Wort „nervös" habe ich, als ich erwachsen war, zum ersten Mal über diese Frau aussprechen hören. Allgemein sagte man, sie mache sich selbst durch Nervosität das Leben schwer und mehr noch ihrem Mann und den Kindern.

Später habe ich es allerdings öfters gehört, daß man von jemand sagt, er sei schwach und elend im täglichen Leben, gesund aber, wenn er durch Zerstreuung angeregt werde. Damals, als man den Nerven noch nicht soviel Macht einräumte, klang das über Tante Minchen Gesagte hart.

Onkel Ferdinand und seine Frau verlebten die ersten Jahre der Ehe ganz in Schönhausen. Nach zwei früh verstorbenen Kindern wurde ih-

40

nen B e r n h a r d geboren, Juni 1810; er ist als Besitzer von Külz 1892 gestorben.

Das vierte Kind war O t t o , geb. 1. April 1815. Später, als die Familie schon in Pommern lebte, kam F r a n z , der als dreijähriges Kind an einer Bohne erstickte; endlich noch M a l w i n e , geb. 1827, spätere Frau von Arnim-Kröhlendorf.

Die pommerschen Güter, Kniephof, Jarchlin und Külz, hatte Ferdinand von einem entfernten Onkel geerbt. Er äußerte sich über diese Erbschaft in der wenig seinen, aber der damaligen Zeit entsprechenden Weise, die ich noch selbst mit gelindem Schauder von ihm gehört habe:

„Das ein kalter Onkel mit einer Gütersauce ein ganz annehmbares Gericht sei!"

Dergleichen drastische Äußerungen waren ihm überhaupt eigen, und er wurde oft damit geneckt, daß er in das Fremdenbuch eines Gasthofs unter der Rubrik „Charakter" geschrieben hatte: „niederträchtig".

Später wurde er leider sehr taub.

Alles in allem war er ein Mann von außerordentlicher Gemütstiefe und herzlicher Liebenswürdigkeit, und Otto hatte nicht, wie Goethe, von der Mutter, sondern vom Vater die Gabe geerbt, das richtige Wort und den immer treffenden Witz zu finden.

Mit Bernhard und Otto haben meine Geschwister und ich in innigem Verkehr gestanden; wir haben die heitersten Stunden, miteinander verlebt bei dem damals beliebten Kartenspiel, Schafskopf genannt. Die Pointe dieses Spiels kenne ich nicht mehr, weiß nur, daß Otto und ich laut jubelten, wenn der ruhige Bernhard den Kopf auf den Tisch legte und sagte: „ich bin wieder Schafskopf geworden!"

Die Nervosität der Mutter trat noch mehr hervor, als die Familie später oft längere Zeit in Berlin wohnte. Sie hatten dort ein stehendes Quartier; zuerst in der Behrenstraße, in dem Eckhaus an der katholischen Kirche, und dann in der Krausenstraße, am Dönhofsplatz. Dort machten sie, nach den Begriffen damaliger Zeit, ein ziemlich großes Haus aus. Die jungen Prinzen, Karl und Albrecht, verkehrten viel bei ihnen, ebenso Erbgroßherzog Paul Friedrich zu Mecklenburg-Schwerin, der spätere Gemahl der Prinzeß Alexandrine. Kränkend ist Frau von Bismarck wohl gewesen, daß sie, trotz des Verkehrs der Prinzen in ihrem Hause, von den Hofgesellschaften ausgeschlossen blieb, da bürgerlich Geborene damals nicht bei Hofe vorgestellt werden konnten.

Noch muß ich des bewährten Freundes unserer beiderseitigen Familien gedenken, des alten Pastors Petri in Schönhausen, dessen Enkelinnen mir noch heute nahestehen.

45 Jahre hindurch, von 1789 bis 1834, hat er als Pfarrer zu Schönhausen und dem Filialdorf Fischbeck in Segen gewirkt.

In der Franzosenzeit wurde Petri, nachdem er mit seiner Familie rein ausgeplündert war, auf längere Zeit aus Hof und Wohnort vertrieben, hatte aber dafür späterhin die höchst erwünschte Genugtuung, allein von seinem geistlichen Kreise und von der ganzen Altmark, mit beiden Kirchdörfern seinem König ein treuer Untertan bleiben zu dürfen. Denn Schönhausen und Fischbeck, zwar zur Altmark gehörig, liegen auf dem rechten Elbufer und verblieben bei Preußen, während im übrigen die Altmark zum Königreich Westfalen geschlagen wurde. Pastor Petri war ein edler, vortrefflicher Mensch; er sorgte für die Dorfbewohner in ihrem äußeren Walten, stand ihnen menschlich nahe, und Achtung sowohl wie Liebe für ihn hielten wohl manchen von Sünde und Laster ab. Im Ganzen aber ging bei uns in Schönhausen, wie allgemein, das religiöse Leben nicht in die Tiefe.

Ein Zeichen davon ist es wohl, daß ich, ohne das Vaterunser deutsch gelernt zu haben, es als Sprachübung französisch aufsagen mußte, abwechselnd mit Lafontaineschen Fabeln: „*maître corbeau*" und anderen, und daß ich mehrere Jahre eine katholische Erzieherin hatte.

Christlich im tieferen Sinne des Wortes waren die Leute damals nicht, aber die Lebensgemeinschaft der Menschen untereinander war enger, da so vieles fehlte, was jetzt gegen Stille und festes Aneinanderschließen wirkt.

Hoch und niedrig, besonders Gutsherr und Bauern gehörten zusammen. Zur Taufe meines zweiten Bruders, des ersten Sohnes, der meinem Vater als Besitzer von Schönhausen geboren wurde, waren beide Gemeinden: Schönhausen und Fischbeck, als Paten geladen, und beide Schulzen haben als Vertreter derselben auch am Taufmahl teilgenommen.

Während Ottos Eltern viel in Berlin waren, reisten wir gewöhnlich nur einmal im Jahr dorthin.

Da solche Reisen damals nicht, wie jetzt, in wenigen Tagen abgemacht waren, wollten sich meine Eltern nicht so lange von uns trennen, und da wurden wir, meine 2 Jahre ältere Schwester Adelheid und ich, mitgenommen. Meine Brüder waren zu jener Zeit in der Plamannschen Pensionsanstalt in Berlin. Meine Eltern bewog natürlich auch der Wunsch, die Söhne wiederzusehen, dazu, die recht beschwerliche Reise zu unternehmen.

Schon mit den Vorbereitungen war mancherlei Mühe verknüpft. Wenn endlich alles geordnet war, so wurde der Tag der Abreise bestimmt, und ein großer, schwerer Wagen vor das Haus geschoben.

Ich sehe ihn noch vor mir: er war hellgelb und an den Türen prangte groß und bunt das Bismarcksche Wappen: ein silbernes Kleeblatt mit goldenen Eichenblättern im blauen Schilde. Oben auf dem Verdeck des Wagens, und den ganzen Raum desselben einnehmend, wurde ein flacher Koffer, „Vache" genannt, festgeschnallt. Er burg meiner Mutter Staatskleider. Unter ihnen steht mir eines noch deutlich vor Augen: recht feiner Kattun, dem Batist ähnlich, aber doch dicker als dieser Stoff, rot mit kleinen gelben Punkten, die im Kreise gestellt eine Rosette bildeten. Die Elle dieses Stoffes hatte 1 Taler, 5 Groschen gekostet. Das ganze Kleid war reich mit gelbseidener Litze besetzt und wurde zu großen Festlichkeiten getragen, echte breite Spitzen machten es dazu ganz würdig.

Dabei lag ein „Leibpelz", eine Art Paletot, der bis zum Knie reichte und an den Ärmeln und unten mit Marderpelz verbrämt war. Diese Gewänder sollten die erstaunten Berliner erfreuen.

Hinten auf den Wagen kam ein großer Koffer, und in die Sitzkästen wurde alles verpackt, was für das Nachtquartier nötig war. Der Wagen blieb beladen vor der Tür stehen, denn gestohlen wurde damals noch nicht.

Am anderen Morgen des noch dunklen Wintertages, es war im Dezember, wurden sechs Pferde angespannt, viere breit und zwei davor. Diese Pferde waren nicht aus unserem Stalle, die unsrigen, vier an der Zahl, waren bis Genthin vorausgeschickt. Bis dahin, auf drei Meilen Entfernung, hatten die Bauern die Verpflichtung die Gutsherrschaft zu fahren. Natürlich gab nicht ein Bauer alle sechs Pferde, sondern diese wurden von mehreren gestellt, meist gab einer deren zwei.

Zu den weiteren Lasten der Bauern gehörte es, Baufuhren zu leisten, den Arzt und die Gouvernante abzuholen, letztere gleichviel von wo, so lautete die Bestimmung.

Die Bauern trennten sich natürlich nicht von ihren Pferden, und so begleiteten drei, oft auch vier, das Fahrwerk. Zwei saßen dann auf dem Koffer hinten, auf dem auch der Futtersack lag, einer, welcher die Zügel führte, thronte auf dem Bock, neben unserem Diener, dem alten getreuen Wilhelm. Der vierte ging nebenher, mit den anderen wechselnd. Die Pferde waren auch nicht aneinander gewöhnt, der Fahrende nicht an sie, und da durfte man nicht über affenartige Geschwindigkeit des Fuhrwerkes klagen, eher über zu viel „Hotte" und „Hüh"-Geschrei.

Trotz der anscheinenden Gefährlichkeit dieser Bespannung habe ich doch keine Erinnerung an Unglücksfälle. Die tiefen Sandwege auf der Genthiner und der schwere Boden auf der Rathenower Seite, wohin die Bauern auch oft fahren mußten, nahmen wohl den Pferden den Mut zu irgendwelchen Ausschreitungen.

Um die Reihenfolge der Bauern für diese Leistungen zu bestimmen, ging ein Knüppel, wie man ihn allzu jagdlustigen Hunden vorbindet, um. Der letzte, welcher Pferde stellte, gab ihn dem Nachbar, und dieser begann dann bei der nächsten Bestellung die Reihe.

Paßten endlich, nach mannigfachen vergeblichen Versuchen alle Stränge, war die Leine in Ordnung, als ausreichend lang und fest von

44

Wilhelm erachtet, dann meldete er, daß nichts der Abreise entgegen stände.

Wir waren alle fertig, nachdem wir Kinder, als erste Freude der Reise, Kaffee statt Milch bekommen hatten, als Präservativ gegen Seekrankheit, welche durch das Schwanken des Wagens leicht erzeugt wurde. Als Hauptschutzmittel dagegen war uns Löschpapier in warmen Rum getaucht auf den Magen gelegt. Dies sollte sicher schützen, tat es aber selten bei meiner Schwester fast nie.

Nun steckte uns Wilhelm in große Fußsäcke, und die Reise begann, begleitet von Hundegekläff, da jeder Bauer auch seinen Stallhund mitnahm.

Das Dorf lag noch wie ausgestorben da. Die Laternen an unserem Wagen ließen die von den Dächern hängenden Eiszapfen erglänzen. In meiner Erinnerung schwebt es mir vor, als seien sie an dem letzten Hause des Dorfes besonders lang gewesen, dort öffnete Flörchen Bittelmann, des Müllers Tochter, das Fenster, uns einen guten Morgen und freundlichen Wunsch für die Reise zurufend.

Diese ging nun langsam vorwärts. Die Tannenwälder am Wege, die der anbrechende Tag erkennen ließ, boten wenig Abwechslung. Mich erfreute es, daß es schien, als zögen die Bäume an uns vorüber, da sonst das langsame Vorwärtskommen des Wagens die Bewegung desselben kaum merklich machte. Aber für die vielen Stunden der Fahrt reichte dies Vergnügen doch nicht aus, und so seufzten wir, oft tot elend, Genthin sehr herbei. Es wurde Mittag, bis wir es erreichten. Nach dem bescheidenen Mahle dort, gewöhnlich Biersuppe und Rührei, wozu wir mitgenommene Wurst aßen, wurden unsere eigenen Pferde vorgespannt, und es ging, da jetzt Chaussee war, schneller vorwärts, aber doch war es schon lange dunkel, ehe wir in Brandenburg ankamen.,

Herr Guthke, Wirt des Gasthauses zum „Roland" empfing uns an der Treppe, welche in den weiten Torweg mündete, in den der Wagen eben einfuhr. Wehklagend eröffnete er, daß er gerade heute fast gar nichts zu essen habe, der Rede immer hinzufügend: „Bei Gott, ich ahnte es, daß Euer Gnaden kommen könnten, aber ich wußte es doch nicht."

Briefe zur Anmeldung gingen damals zu langsam und zu unsicher, auch war das Postgeld sehr hoch; kostete doch ein Brief von Schönhausen nach Brandenburg in jetzigem Gelde mindestens eine Mark, und so kam man *à la fortune du pot*. Freilich, diese *fortune* war hier dürftig genug, dafür aber der Schmutz im Hause und am Geschirr um so reichlicher und den unbescheidensten Anforderungen genügend.

Decken und Kissen kamen aus dem Wagen zum Vorschein und es wurden notdürftige Nachtlager hergerichtet.

Am nächsten Morgen ging es bei Tagesanbruch weiter. In Großenkreuz kurze Rast für die Pferde, dann zu Mittag in Potsdam. Das Hotel dort „zum Einsiedler" war gegen andere sehr glänzend. Es befindet sich noch jetzt am Kanal, in demselben Hause, wie damals, – die Umgebung, sowie überhaupt die innere Stadt Potsdam hat sich kaum verändert. Nach langem Aufenthalt, der zum Futtern der Pferde notwendig war, fuhren wir weiter und kamen gegen Abend endlich in Berlin an.

Elektrische Bogenlampen und Glühlichter können heute kein Kinderherz so entzücken wie mich damals die trüben Öllampen! Vom Schafgraben an, dem jetzigen Kanal, hingen sie, mir wie Wunderwerke erscheinend, über die Straße. In der Stadt selbst, die in Wirklichkeit erst am Potsdamer Tor begann, waren sie an den Häusern befestigt.

Das Tor bestand damals noch aus festen, sich an die Mauer anlehnenden, überwölbten Säulen. Viel später wurde ein eisernes Gittertor und das jetzt noch stehende Wacht und Steuergebäude angelegt. Durch die Leipzigerstraße, über den ganz wüsten Wilhelmsplatz, ging es nach dem Hôtel de Brandenburg am Gendarmenmarkt, das noch lange dort bestand. Des Morgens war auf dem Platz Wochenmarkt, oh! war das schön! Die alten Hökerweiber mit ihren großen Hüten von Wachstaffet waren begeisternde Gestalten für mich. Ihr ganzes Treiben, wie sie aus den Holzkästen, die, den Strandkörben ähnlich, vor den Unbilden des Wetters schützten, herausschauten, wie sie dann Fische aus den Was-

46

serbütten in kleinen Netzen zum Verkauf heranholten, Kohlköpfe und andere Gemüse anpriesen, dies alles erregte meine Aufmerksamkeit, und gern hätte ich noch länger am Fenster gestanden, dem mich so entzückenden Bilde noch länger zugesehen, aber wir sollten ausfahren. Der Wagen war gewaschen und geputzt, die Pferde glänzend gestriegelt und sauber ausgeschirrt. Der Kutscher, Friedrich Guldenpfennig, in Gala: hellblauer Frack mit gelbem Kragen, den Bismarckschen Farben und blanken Wappenknöpfen, der getreue Wilhelm in Jägeruniform, den Hirschfänger zur Seite, den dreieckigen Hut mit grün und weißen Federn auf dem Kopfe, stand am Wagenschlag und half meiner Mutter, die im roten Pelze prangte, einsteigen, hob uns Schwestern hinein und stellte sich selbst, wie allgemein üblich, hinten auf das Wagenbrett. Wir fuhren zuerst bei dem Putzladen Berlins vor: Kirsten, in der Jägerstraße, wo meine Mutter einen ihrem Pelz ebenbürtigen Hut kaufte. Er bestand aus dunkelblauem Rips, besetzt mit weißem Schwan und hatte eine breite Krempe.

Von dort gingen wir über die Straße zu dem Delikateßladen von Thiermann, wo uns mein Vater erwartete, der schon einige Tage vorher nach Berlin gereist war, und wir frühstückten, zusammen mit Onkel und Tante Bismarck, sowie mehreren Bekannten und Freunden. Austern gab es, das ist mir noch in Erinnerung. Wie die bei den dürftigen und langsamen Transportmitteln frisch nach Berlin kamen, weiß ich nicht, aber sie waren da und schmeckten gewiß sehr gut.

Läden gab es in dem Berlin von damals nur wenige. Am Schloßplatz, Ecke der Breitenstraße, verkaufte Lessmann Kleiderstoffe, in der Brüderstraße war ein Spielwarenladen von Gamet. Beide Läden besuchten wir, da meine Mutter Weihnachtseinkäufe machte. Der Schloßplatz war zwar nicht mehr, wie zu den Zeiten der Quitzows, ein Tummelplatz der Schweine, aber immerhin recht kleinstädtisch, mir erschien jedoch alles, vorzüglich das Schloß und die Brücke mit dem Standbild des großen Kurfürsten, ganz unvergleichlich schön. Der Bogengang an der Stechbahn, wenn schon niedrig und finster, hatte großen Reiz, denn dort war ja Josty, einer der wenigen Konditoren Berlins. Klein und dunkel war es zwar bei ihm, aber die Schokolade schmeckte gar zu schön.

Schloßplatz und Breitestraße boten aber noch einen weiteren Anziehungspunkt durch den Weihnachtsmarkt, der schon mehrere Wochen vor dem Fest aufgebaut war. Wir fuhren eines Abends hindurch, und meine Mutter hat noch oft von dem Jubelgeschrei erzählt, das mir jedes Lämpchen in den dürftigen Buden entlockte. Nein, so kann sich jetzt kaum noch ein Kind freuen, in Berlin sicher nicht, da dort in den belebten Straßen jeder Abend eine Beleuchtung bringt, wie sie ehedem die glänzendste Festillumination nicht bot.

Meine Erinnerungen jener Zeit reichen auch noch nach Charlottenburg. Das begann am jetzigen Gymnasium, damals die Kauersche Anstalt. Nebenstraßen hatte die Berlinerstraße nicht, und in ihr waren meist kleine, nur für Sommerwohnungen eingerichtete Häuser, die durch Gärten voneinander getrennt waren. Hinter dem Schloß hörte bald die Chaussee auf, und wenn wir im Sommer einmal von Berlin aus den Weg durch das Havelland, zu den Bredows, den Verwandten meiner Mutter nahmen, dann wurde der Sandberg vor und die Sandflächen hinter Spandau sehr gefürchtet. Da mahlte dann, trotz der vier Pferde, der Wagen sacht, so sacht im Sande. Und schauerlich! kaum aus dem Tore von Spandau hinaus, da stand auf einer Anhöhe ein Galgen. Wie grausig das war! wie regte es die Phantasie des lebhaften Kindes aus, wenn es sich ausmalte, wie viele wohl daran ihr Leben geendet. Es verging lange Zeit, bis dann endlich der Wald uns aufnahm, und das Schreckbild verschwand.

In Berlin wurde auch ein Besuch in der Plamannschen Knabenpension gemacht. Es war ein Privatinstitut und hatte in der damaligen, freilich nur kleinen Welt, großen Ruf. Wie bereits erwähnt, waren meine Brüder dort, und mit ihnen die Schönhauser Vettern, Bernhard und Otto. Frau Plamann führte ein zwar mütterliches, doch festes Regiment. Es hat sich, da ihre Zöglinge alle recht jung waren, wohl mehr auf körperliche

48

Pflege erstreckt, in geistiger Beziehung war sie kaum befähigt, ihnen viel zu nützen. Mit der deutschen Sprache stand sie, wie damals viele, auch aus höheren Kreisen, auf gespanntem Fuß.

Einst zählte sie bei einer Landpartie die Knaben einem Bootsmann in sein Schiffchen, und ihr Ausspruch dabei: „diese Kinder sind alle mich" ist durch meine Brüder lange geflügeltes Wort in unserer Familie gewesen.

Auch die Luisenstiftung besuchten wir; dieselbe war in dem Palais, das jetzt dem Prinzen Albrecht gehört. Die Vorsteherin hatte früher ein Pensionat für junge Mädchen in Schöneberg geleitet; und meine Mutter war dort erzogen worden. Madame Lehmann war die treue Freundin meiner Mutter geblieben, und ihr galt unser Besuch.

Wenige Jahre später, 1822, kamen wir für längere Zeit nach Berlin, das zwar dann schon mehr von der Kultur beleckt, aber doch noch recht kleinstädtisch war. Meine Studien begannen, und ich sollte lernen, daß Berlin 200 000 Einwohner habe. Das war damals, wo eine Million nur eine Zahl, nie eine Wirklichkeit war, etwas kaum Denkbares, und es erschien einem Kinde unfaßlich, daß überhaupt so viel Menschen auf der Erde leben sollten.

Dieser letztere Berliner Aufenthalt fiel in den Sommer; meine Mutter hatte einen schlimmen Fuß und wurde vom Arzt behandelt. Wir hatten deshalb die ganze Zeit Pferde und Wagen mit und fuhren viel spazieren. Freilich waren diese Fahrten etwas einförmig, denn chaussierte Wege waren im Tiergarten nur die große Charlottenburger Straße und ein Weg vom Brandenburger Tor, über die Zelten, an der Spree entlang, zum Hofjäger, einem Kaffeegarten, und von dort über die Tiergartenstraße und Bellevuestraße zurück nach dem Potsdamer Tor. Die Tiergartenstraße hatte schon einige Häuser, während die Bellevuestraße noch gänzlich unbebaut war. Die anderen Wege betrat höchstens einmal ein kühner Reiter oder naturforschende Knaben, die Schlangen und Frösche fangen wollten. Wir wohnten an der Ecke der Friedrichstraße und Unter den Linden, wo jetzt Kaffee Bauer ist. Öfters sah ich von dort aus Seiltänzer und Kunstreiter vom Brandenburger Tor her die Linden herauf ziehen. Sie hatten ihre Aufführungen damals und noch viele Jahre später in einem großen leinenen Zelt, das permanent, auch wenn es nicht benutzt wurde, am Rande des Tiergartens stand, an der Stelle, wo jetzt die Dorotheenstraße auf den Platz des Reichstagsgebäudes stößt. Die Dorotheenstraße war eine Sackgasse, erst viel später entstand die neue Wilhelmstraße und überhaupt die ganze Luisenstadt.

Den Zug der Kunstreiter eröffnete Musik, dann folgten Reiter und Reiterinnen in leuchtendem, aber schäbigem Putz, die Pferde auch mit bunten Decken behangen. Dazwischen Clowns, die mit gellender Stimme ausriefen, was man alles da draußen sehen könne. Das Paradestück des Zuges war ein junges Mädchen, halb Kind, auf einem Pferde stehend und das Tambourin schlagend.

Eine großartige Abwechslung in unser täglicher Leben und deshalb für uns Kinder große Aufregung brachte späterhin eine Fahrt nach einem Garten vor dem Schlesischen Tor, wo man schönes Obst bekommen sollte. Mein Bruder, der damals auf dem Pädagogium in Halle war, brachte die Ferien bei uns zu. Unser Wagen bot nicht Platz für so viele, da sich noch einige Vettern als Teilnehmer der Fahrt einfanden, und es wurde noch eine Droschke geholt. Eine solche war nicht so leicht zu finden, denn es gab deren nur hundert für ganz Berlin, kleine, zweisitzige Wagen mit halbem Verdeck. Das Leder am Verdeck und Tambour hatte wohl seit seiner frühesten Jugend keinen Lack gesehen, und das ganze Gefährt seitdem nur selten Verkehr mit Wasser und Bürste gehabt. Ein müdes Pferd mit Kummtgeschirr, über dem, weshalb ahne ich nicht, ein großer, aufrecht stehender Holzbügel war, wurde von einem, zu dem Ganzen passenden Kutscher gelenkt, er sowohl wie sein Pferd, wenig Lust zu schneller Bewegung verspürend. Unsere mutigen Rosse wurden gezwungen, fein langsam zu gehen, damit wir nicht ganz von unseren Genossen getrennt wurden. Diese Vorsicht erwies sich als sehr weise, denn an der Stelle, wo jetzt Roß- und Jakobstraße sich kreuzen, hörte

50

das Pflaster auf. Der Mietsgaul erklärte mit Entschiedenheit nicht weiter gehen zu wollen, der Kutscher stimmte ihm bei, so mußten die Insassen aussteigen und wie früher die Schönhauser Bauern neben unserem Wagen hergehen. Als wir den Garten erreichten, entschädigten die schönen Früchte für die Mühen des Weges.

Im Jahre 1866 war dieser Garten bereits eingegangen, er hatte Räumen Platz gemacht, die als Lazarett benutzt wurden, und in denen ich oft tätig gewesen bin. Jetzt ist das ganze Terrain von den Kasernementsgebäuden des 3. Garderegiments eingenommen.

Die einförmigen Fahrten im Tiergarten führten, wie gesagt, regelmäßig an den Zelten vorüber. Der Weg bot nicht ein so schönes Bild wie jetzt. Fast von Bäumen versteckt, in der Straße, die noch heute „in den Zelten" heißt, obwohl die Zelte längst in steinerne Kaffeehäuser verwandelt sind, hatte Madame Beer ihr gastfreies Haus. Besonders, wenn die beiden geistvollen Söhne: Meyerbeer, der Komponist, und Michael Beer, der Dichter, anwesend waren, begegnete man, wie man mir später erzählt hat, in diesem Hause allen gefeierten Persönlichkeiten der Zeit.

Siegessäule und alles, was jetzt den Königsplatz ziert, lebte noch in keinem Zukunftstraum; es war eine öde Sandfläche, auf der morgens die Truppen der Garnison Berlins exerzierten, und ich habe mir nicht träumen lassen, daß ich dort das Standbild meines Spielgefährten würde enthüllen sehen.

Wenn wir nach Schönhausen heimkehrten, wurde die Einförmigkeit des dortigen Lebens durch Besuche mit den Nachbarn erheitert. Besonders verkehrten wir viel mit dem Pächter der königlichen Domäne in Jerichow, Herrn Kleve. Er bewohnte mit seiner Familie das alte Kloster, und es gab köstliche Spielplätze in den weiten, oft dunklen Bogengängen. Die großen Säle dienten als Wohnzimmer, die kleinen Zellen als Logierzimmer, und sie führten, teils noch mit Bildern von Mönchen geziert, die Kinderphantasie zu meist schauerlichen, dafür aber um so interessanteren Gebilden.

Viel waren wir auch in Landin, das freilich entfernter von Schönhausen lag. Dort lebte der Bruder meiner Mutter, Karl Samuel von Bredow, mit seinen, uns gleichaltrigen Kindern, unter ihnen der spätere Oberst, der mit den 5. Kürassieren 1866 bei Tobitschau die feuernden österreichischen Kanonen eroberte.

Wie anziehend war in Landin der Teufelsberg für unsere Wanderungen und Spiele. Die Sage, die ja gern am Ungewöhnlichen anknüpft, hat viel mit ihm zu tun, und noch heute ist die Vertiefung auf seinem Gipfel zu sehen, die, im Munde des Volkes, folgender Sage ihre Entstehung verdankt:

Vor langen Zeiten, in welchem Jahrhundert weiß ich nicht zu sagen, war der Besitzer von Landin, Herr Lippold v. Bredow, in Schulden geraten, und wußte nicht mehr aus noch ein. Tief bekümmert ritt er auf dem Felde umher, mit jedem Blick von alledem Abschied nehmend, was seine Väter besessen und was nun bald nicht mehr sein Eigen sein sollte. Da begegnete ihm der Teufel. „Warum so traurig?" mit dieser Frage entlockte er dem Ritter den Grund seines Kummers. Hohnlächelnd hörte ihm der Teufel zu: „Nun, ist's weiter nichts," sagte er, „da kann ich helfen. Dein schönes Weib, Frau Brigitte, gefällt mir. Komm' heute in 8 Tagen auf jenen Berg und bringe du einen Scheffel mit, ich habe Säcke voll Gold. Um Mitternacht schütte ich Gold in den Scheffel; ist er voll, wenn es 1 Uhr vom nahen Kirchturm schlägt, dann ist Frau Brigitte mein, ist er nicht gefüllt, dann das Gold und die Frau dein."

Dem Ritter, der nur an seine Not dachte, klang dies verlockend, wie Sphärenmusik. Er sollte von den Schulden befreit sein, wo war sonst ein Weg dazu? „Topp," sagte er also, „aber bis 1 Uhr muß der Scheffel voll sein!" „Ja," lachte der Teufel. Leichteren Herzens ritt Herr Lippold heim. Aber da stand auf der Schwelle des Hauses Frau Brigitte in blühender Schönheit und empfing ihn lächelnd und liebkosend. Nun war die Freude vorbei. Entsetzen erfaßte ihn über sein leichtsinniges Versprechen. Wieder ritt er hinaus, diesmal, so schnell das Pferd laufen wollte, zum Pfarrer, nach Friesack. „Herr helft mir!" schrie er dem über das Aussehen des Ritters Entsetzten entgegen. Herr Lippold erzählte von dem Pakt mit dem Teufel, schilderte seine Reue in grellen Farben und bat, der Geistliche solle durch Gebet die Mittel finden, den Handel rückgängig zu machen. Der Pfarrer beschied den Reiter nach einigen Tagen wieder zu sich und pünktlich fand sich dieser ein. Beide begaben sich in der Nacht vor der zu dem Handel bestimmten, mit Hacke und Spaten versehen, auf den Berg. Sie gruben ein tiefes Loch, gleich einem Krater, in die Kappe des Berges, darüber wurde dann der Scheffel gestellt, dessen Boden gelöst war, so daß er der leisesten Berührung nachgab.

Die bestimmte Nacht brach an. Der Himmel war mit Wolken bezogen, kein Stern leuchtete dem schauerlichen Handel. Vom Turm her drangen die 12 Schläge der Mitternacht durch die feuchte Luft. Da kam der Teufel zu dem schon auf dem Berge harrenden Ritter. In einiger Entfernung kniete ungesehen der betende Pfarrer.

Der Teufel begann sein Werk. Es schlugen die Viertel der Stunde, der Scheffel blieb leer, einen Sack nach dem anderen trug der Teufel herbei, immer eiliger warf er das Gold hinein aber jetzt schlug es hell und voll 1 Uhr – und der Scheffel war nicht gefüllt. Jubelnd fiel der Ritter dem Pfarrer um den Hals, der Teufel aber, jedenfalls ein sehr dummer Teufel, zog fluchend ab und rief: „Bredow, Bredow, Läpel, du hest 'nen groten Schäpel."

Für die Wahrheit dieser Begebenheit bürgt in den Augen des Volkes die Tatsache, daß das früher zu Landin gehörige Gut Warsow noch jetzt im Besitz der Friesacker Kirche ist, und daß der jedesmalige Oberpfarrer den Niesbrauch davon hat. Das habe, so meint man, der dankbare Lippold seinem Helfer in der Not geschenkt.

Der Teufel hat überhaupt früher viel mit den Bredows in Feindschaft gelebt. Erzählt doch eine andere Sage, daß er einst alle erreichbaren Edelleute von dieser Sippe in einen Sack gesteckt habe, um sie in die Ostsee zu tragen. Ein schlauer unter den Gefangenen saß unten. Der führte ein Messer in der Tasche mit sich, schnitt ein Loch in den Sack und schlüpfte hindurch. Die anderen folgten, und so fiel einer nach dem andern heraus – die Straße entlang – bis nach Wrietzen hin. Friesack „frei aus dem Sack", so nannte der erste seinen Wohnort. Einer blieb ganz in der Nähe: „Ich wage nichts" – Wagenitz – so taufte er seine Behausung. Jener zog etwas ab von der Straße „Land in".

Bald hatte jeder ein Heim. In der Gegend von Wrietzen fiel der letzte zur Erde und der Teufel, sehr schlau muß er wieder nicht gewesen sein, trug den leeren Sack zur Ostsee. Daß diese Sagen uns Kindern sehr interessant waren, ist begreiflich, besonders die vom Teufelsberg, den wir so oft zum Ziel unserer Wanderungen machten. Über Hecken, Zäune und Gräben, je mehr Hindernisse, desto besser, zogen wir dahin, legten uns aufs Gras und rutschten in den Krater hinein. Freilich, wenngleich nicht fluchend wie der Teufel, aber doch recht herabgedrückt gegenüber der frohen Stimmung des Hinweges, kehrten wir meist heim. Von unseren Kleidern waren manche Fetzen an den Zäunen hängen geblieben, und Grasflecke erzählten von unseren Rutschpartien mehr als ein scharfsichtiges Mutterauge gern sah, und so war der Empfang im Hause oft etwas niederschlagend. Aber Kinderleid ist bald vergessen; zerrissene Kleider betrüben nur so lange, wie darüber gescholten wird. Jetzt sind alle, die da mit mir froh waren, längst verstorben – eine andere Generation lebt dort, und ich wollte es ihnen wünschen, daß sie sich so einfach, so herzinnig freuen können, wie wir damals – ; denn mir hat die fröhliche Kindheit das Herz frisch und froh erhalten. Leid und viel Kampf späterer Jahre konnten es wohl oft tief niederbeugen, aber dennoch bin ich durch alles zu glücklichem Alter hindurchgedrungen.

Von den Verwandten meiner Mutter, den zerstreut hingeworfenen Bredows, liebte ich ihren Vetter, Onkel Moses in Wagenitz, besonders. Sein schwarzes Haar, der große, ebenso schwarze Bart, hatten ihm diesen israelitischen Namen eingetragen, und ich habe lange nicht gewußt, daß er eigentlich Karl hieß. Erst als ich erwachsen war und mich seiner besonderen Gunst erfreute, wurde mir dies klar. Die Tante, eine begabte, aber eigentümliche Frau, sah der Schloßherrin Brigitte in „den Hosen

54

des Herrn von Bredow" so ähnlich, als habe Willibald Alexis sie als Vorbild genommen. Wie jene, regierte sie das Haus, und der gute Onkel fügte sich ihrem Zepter. Ob nun mit Lust, dafür möchte folgende Legende nicht gerade sprechen: Sie sagt, er, der sich wenig um Erziehung der Kinder kümmerte, habe einmal seine älteste Tochter ernstlich gestraft und bei jedem Schlage gerufen: „Du sollst mir einmal keinen Mann unglücklich machen." Dem sei, wie ihm wolle, das Leben im Hause war ganz behaglich.

Der Onkel, ein langer, hagerer Mann, saß den ganzen Vormittag in oft unbeschreiblich wenig courfähiger Toilette in seinem Zimmer. Er war da umgeben von ausgestopften Tieren und einer großen Sammlung von Mineralien und Schmetterlingen, die er unter Aufwendung erheblicher Mittel angelegt hatte, und deren Studium ihn beschäftigte. Hatte er doch einst einen jungen Gelehrten entsandt, der ihm sein „Museum" in Brasilien und anderen überseeischen Ländern ergänzen mußte. Die Tante besorgte neben der Hauswirtschaft auch die äußere Wirtschaft und führte ein strenges Regiment. Die Landwirtschaft war damals leicht; es wurde gepflügt, gesät und geerntet, wie es Vater, Großvater und Urgroßvater getan hatten. Zuweilen gab man auch große Feste in Wagenitz. Sie wurden mit Glanz in Szene gesetzt, aber Tantes sehr sparsame Ader schien oft so durch, daß die Feten nicht gerade besonderen Ruf in der Nachbarschaft genossen.

Der große Saal mit den dunklen Gobelins und dem reichen Waffenschmuck an den Wänden faßte eine zahlreiche Gesellschaft; aber oh weh! die Speisen reichten nicht immer weit. Eine große Enttäuschung, die ich dort erlebt, ist mir noch erinnerlich: nachdem überhaupt wenig an den freilich ziemlich großen Kindertisch gelangt war, mußten mein Vetter aus Landin und ich uns in 2 Teelöffel Eis – das letzte in der Schale – noch teilen. Eins der Kinder, Betty Erxleben, ward weinend vor Hunger von der Mutter zur Tür hinausbefördert, um nicht Ärgernis zu erregen.

Bei solch feierlichen Gelegenheiten wurden dem einen ständigen Diener noch mehrere andere zugestellt, d. h. Kutscher, Reitknecht, Gartenbursche, Förster, und was sich sonst dazu eignete, wurden in Livree gesteckt. Kleidungsstücke für sie, reichlich mit Goldborte besetzt, waren vorhanden. Aber wenngleich sie nicht, wie Don Ranudos, eines sagenhaften spanischen Ritters Diener, nur auf der Vorderseite bekleidet waren, so erschienen doch wunderwürdige Gestalten. Bei dem einen sahen die Hände lang aus den zu kurzen Ärmeln hervor, bei dem anderen waren sie fast versteckt in zu langen. Diesem reichten die Rockschöße bis über die Knie, jenem kaum bis an die Taille. Wein floß auch nicht gerade in Strömen; da er immer im Hause abgezogen wurde, kamen die verschiedenartigsten Formen von Flaschen zum Vorschein. Eine, die aussah, als sei eine weite, hohe Weinflasche in der Mitte zusammengebunden, enthielt einmal sogar Essig. Sie war ihrem eigentlichen Berufe treu geblieben, aber aus Versehen unter solche Ihresgleichen geraten, die höher gestrebt hatten.

Und doch, trotz des oft wunderlichen Bildes, war jeder gern in Wagenitz. Tante Caroline ersetzte reichlich an guter Laune und immer gleicher Liebenswürdigkeit, was sie am Materiellen fehlen ließ.

Dabei waren die täglichen Mahlzeiten, wenn auch einfach, immer gut. Onkel Moses liebte vor allem Kalbfleisch, und dem wurde viel Rechnung getragen. Oft hatten wir Kalbfleisch zur Suppe und dann Kalbsbraten hinterher. Da der gute Onkel sehr zerstreut war, lohnte er wohl diese Aufmerksamkeit seiner Frau durch die Äußerung: „Aber Karlinchen, warum gibt es denn gar kein Kalbfleisch mehr?"

Tante, an dergleichen gewöhnt, zuckte nur die Achseln, indes wir lachend sagten: „Du hast es ja heute zweimal gegessen," worauf er verwundernd fragte: „Wirklich?"

Onkel und Tante waren auch überall gern gesehene Gäste, oft fuhren wir nachmittags aus. In späteren Jahren, als wir, sowie die Landiner und Vriesener Cousinen alle erwachsen waren, schwärmten wir in Gedichten. Matthisson und vor allem Ernst Schulzes „Cäcilie" und „Bezauberte

Rose" rührten uns tief, und ich glaube, man wäre jeder Bildung bar erklärt, wenn man nicht eins oder das andere mindestens halb auswendig gewußt hätte. Jetzt kennt kaum noch jemand diese gefühlvollen Dichtungen.

Für mich erlitt solche Schwärmerei ein jähes Ende, wenn Onkel Moses uns bei unseren Ausfahrten folgte. Er hatte die Ankunft der Post abgewartet, kam nun mit der Zeitung und rief: „Hedchen, na nu komm man und lies mir die Zeitung vor." Trotz des Trennungsschmerzes von Mathisson und Schulze, folgte ich ihm gern, denn er war so lieb und gut. Es sammelten sich dann noch mehr Zuhörer, und da das Zeitunglesen damals noch nicht so zur Manie geworden war, wie heute, schöpfte, glaube ich, mancher seine ganze politische Bildung aus diesen Vorlesungen. Onkel Moses benutzte mich überhaupt gern als Vorleser. Mußte ich ihm nun aus seinen naturwissenschaftlichen Büchern vortragen, und war es gerade nach Tisch, dann passierte es wohl, daß er sanft einnickte. Kaum machte sich dies durch anmutig sägende Töne bemerkbar, schob eine der Cousinen ein längst bereit gehaltenes Buch, daß uns interessierte, herbei – einen Aufenthalt durfte es nicht geben, sonst wachte der Onkel auf – und mitten aus Schmetterlingen oder Kröten gingen wir zu „Godwin Castle" über. Wachte dann der Schläfer nach einer Weile auf, fragte er wohl erstaunt:

„Gehört denn das hierher?" merkte aber nichts, wenn man schnell und ehrbar zur Naturgeschichte zurückkehrte. Da Onkel Moses wenig Interesse am Landleben hatte, reiste er gern nach Berlin, wo er Studien im Zoologischen Museum machte und seine Zeit zwischen allen möglichen Kreaturen, die er so gern selbst ausstopfte, zubrachte.

Er fuhr früh aus seiner Wohnung fort, vergaß aber bei seinen Studien völlig Zeit und Stunde, und sowohl das Unglückswurm von Kutscher, der alte Schmidt, als auch die beiden Rappen, die vor den Museen warten mußten, waren manchmal dem Hungertode nahe.

Wenn von Wagenitz aus diese Berliner Reisen angetreten wurden, ging einen Tag zuvor ein riesiger Packwagen mit Lebensmitteln ab, um uns in der ständigen Wohnung, die Onkel und Tante in der Schützenstraße hatten, zu erwarten.

Am Reisetage selbst wurde der gelbe Reisewagen vorgefahren und Gepäckstücke aller Art hinein und hintenaus gelegt. Wir frühstückten wie gewöhnlich in der Halle, indes Onkel in seiner Stube verblieb. Endlich schickte Tante hinein mit der Frage, ob wir abfahren könnten. Es kam der Bescheid zurück, die Damen sollten nur immer einsteigen, der Herr Baron würde bald kommen. Wir stiegen also ein, die Tante im Fond, meine Cousine Clara und ich auf dem Rücksitz. Clara setzte sich sehr mißmutig auf die kleine Marterbank, denn der Wagen war eng und bot wenig Raum für die Füße. Ich fand mich mit mehr Humor in mein Schicksal, eingedenk der Worte meines Vaters, der solches Stöhnen immer dadurch abschnitt, daß er sagte: „Willst du bequem sitzen, so kannst du künftig ja zu Haus bleiben, da ist schöner Platz, und alle Sofas sind frei."

Wir saßen also wartend im Wagen – Onkel aber kam nicht. Tantes Laune sank mit jeder Minute um mehrere Grad. Endlich erschien er, und nun brach der lang zurückgehaltene Sturm auch gewaltig los. Onkel kam in einer „Spille", einer von weißer Baumwolle gestrickten Nachtmütze, im warmen Flauschrock, mit einem dicken wollenen Tuch um den Hals, an den Füßen Riesenfilzschuhe, und graue Inexpressibles an den Beinen. „Aber Carl, so kannst du doch nicht nach Berlin fahren," ertönte Tantes empörter Ruf. „Na Karlinchen, wart's doch man ab, das kommt alles noch anders." Mit diesen beruhigenden Worten setzte sich der Onkel in den Wagen. Tante schüttelte den Kopf, mußte sich aber in das Unvermeidliche fügen, und die Fahrt ging los. Auf dem Bock saßen Kutscher Schmidt und August, der Diener; letzterer hatte ein riesiges Paket Kleidungsstücke auf dem Schoß. Wozu? die Antwort auf diese Frage ist eben das Spaßige der Geschichte. Nach kurzer Fahrt, als die Sonne schon höher gestiegen war, rief Onkel Moses, da ihm der Flauschrock zu warm wurde: „August, ich will mich umziehen!" Beide, der Diener mit dem großen Paket bewaffnet, verschwanden hinter dem Wagen, und

58

bald erschien Onkel in leichterer Toilette. Nach weiterer Fahrt wehten kühlere Lüfte, abermaliges Verschwinden der Beiden und Erscheinung in wärmerer Weste und Halstuch. So gab es noch öfteren Garderoben-wechsel, den Tante jedesmal mit Achselzucken und Kopfschütteln begleitete. Endlich – am Nachmittage, gelangten wir an jene Stelle der Charlottenburger Chaussee, wo jetzt die ihrem Zweck entrückten Steuerhäuser stehen. Berliner von heute, denke dir, daß Onkel Moses damals, es war im Sommer des Jahres 1834, dort Staatstoilette machte für seinen Klub, der im Teichmannschen Hause in der Tiergartenstraße versammelt war. Onkel verschwand also mit August in den Büschen und trat dann in vollem Glanz hervor: Gelbe Ranking-Inexpressibles, halbhohe Lederschuhe, blauer Frack mit blanken gelben Knöpfen, den Johanniterorden, der damals noch aus königlicher Gunst– als Ehrenzeichen verteilt wurde, auf der Brust. Dies war nun der letzte Akt der Reisetoilette, denn die Tiergartenstraße war auch damals schon zu belebt, um nochmals Änderungen vorzunehmen. Wir langten, nachdem wir den Onkel im Klub abgesetzt hatten, in der bescheidenen, aber recht geräumigen Wohnung an, wo die würdige Sophie, Tantes langjährige Kammerjungfer, die tags zuvor mit dem Packwagen angekommen war, uns mit bereitgehaltenem Kaffee empfing und erquickte.

Nach dieser kleinen Abschweifung in das Jahr 1834 kehre ich jetzt zu meiner Kindheit zurück.

Die schönen Zeiten in Schönhausen endeten schon mit meinem neunten Jahre. Meine Studien hatten dort begonnen; als ich damit anfing, tat mir meine Mutter leid, daß sie nicht auch soviel lernen könne wie ich, bis ich einmal aus einem Gespräch, das sie mit unserem Hauslehrer führte, voller Staunen sah, wie groß ihr Wissen war.

Als dann meine Eltern den Landaufenthalt mit Berlin vertauschten, fand ich bald darauf in der Mayetschen Erziehungsanstalt, einer der ersten jener Zeit, Aufnahme. Ich wohnte bei meinen Eltern und besuchte von ihnen aus, wie man es heute nennen würde, als Tagespensionärin, den Unterricht bei Mayets in den Jahren von 1825–1827.

Wenn ich nun mit den ganzen Einrichtungen dort die heutigen Mädchenpensionate vergleiche, so wird mir erst klar, wie die Ansprüche gewachsen sind. Wie wird's erst sein, wenn abermals 80 Jahre ins Land gegangen sein werden!?

Drei Schwestern, die Mamsellen Mayet, wie sie damals genannt wurden, hatten eine sehr einfache Wohnung inne, zwei Treppen hoch, an der Ecke der Friedrich- und Französischen Straße.

Die Ausstattung des größten Raumes, der gleichzeitig als Schul- und Eßzimmer diente, bestand aus zwei großen Bücherschränken und einem schmalen, langen Tisch, an dem auch mittags gegessen wurde. Die einzige Sitzgelegenheit waren Holzbänke, ohne Lehnen; nur Caroline, die älteste Schwester, saß mittags auf einem Stuhl, den sonst, während des Unterrichtes, der Lehrer einnahm.

Dies Eßzimmer war der Raum für die 2. Klasse, die am zahlreichsten besetzt war. Die 1. und 2. Klasse befanden sich in einem kleinen Nebenzimmer. Da stand auf der einen Seite, am Fenster, auch ein schmaler, aber kleiner Tisch mit Bänken. Auf der anderen Seite, vor dem steifen kleinen Sofa, ein größerer Tisch, der für die beiden Klassen zur gemeinsamen Zeichen- und Schreibstunde benutzt wurde. In einer Ecke war noch ein kleines Etablissement mit ganz niedrigen Bänken – hier wurden einige ABC-Schützen unterrichtet.

Im hinteren Raum, dem Mädchenzimmer, wurden die Sachen der nur zum Unterricht kommenden Kinder abgelegt. Was für eine Bazillentheorie würde man heute auf der Tatsache kultivieren, daß die nassen Mäntel und Hüte der jungen Mädchen dort stundenlang auf den nicht immer blütenweißen Betten des Dienstmädchens lagen.

Meine Schwester und ich waren in Halbpension, kamen morgens und gingen abends wieder fort. Das Essen war sehr einfach. Einige Gänse abgerechnet, die pommersche Eltern im Herbst schickten, habe ich keinen Braten gesehen. Alle 3 Wochen, Mittwochs, wurde in der Küche gewaschen; dann gab es Mehlsuppe, wir nannten sie Seifenwasser, und Kartoffelklöße mit Mussauce. Käme das jetzt in einem Pensionat vor,

60

ich glaube, die Eltern schickten Extrazüge, um ihre Kinder abholen zu lassen. Uns ist es ganz gut bekommen, sogar jener kostbare Eierkuchen, welcher an einem Waschtag erschien und Mamsell Bettys Anstrengungen, ihn zu schneiden, widerstand. Überall kamen Hemmnisse – und was war es? Die Köchin hatte das Mehl das sie dazu geholt, ohne weiteres in ihren Marktkorb geschüttet darunter, aus dem Grunde desselben, lagen aber einzelne Groschen; diese hatten sich unter das Mehl verirrt und waren nun in den Eierkuchen geraten.

Die Tanzstunden, auf welche besonderes Gewicht gelegt wurde, fanden in der 1. Klasse statt. Als Vorbereitung wurden 2–3 Talglichter angezündet. Diese hatten, wie alle ihres gleichen, die Eigenschaft, schwer anzubrennen. Dann hob Mamsell Betty, in großer Geduld, sie immer und immer wieder langsam in die Höhe, bis sie heller brannten.

In diesen Räumen, bei ähnlicher Beleuchtung, fanden auch die Feste statt. Die Tür zu Mayets Wohnzimmer, welches daneben lag, wurde geöffnet, und die Eingeladenen sahen französischen Lustspielen und Gruppentänzen bewundernd zu. Ich sehe noch Agnes Erxleben mit Grazie Gavotte tanzen, und Dora Hellwig Shawltanz vorführen.

Nach den Vorstellungen wurde allgemein getanzt, und es waren dazu immer einige leibhaftige Leutnants, Kadetten oder ähnliches, Brüder von Pensionärinnen da. Diesen Jünglingen schmeckten Mohnpielen und Butterbrot auch ganz gut; nebenher konnten sie sich in dem Hochgenuß sonnen, hier ganz etwas Besonderes zu sein.

Tage und Wochen war es dann bei uns Schulgespräch, mit wem jener Jünglinge man getanzt. Eifersucht erregte Feindschaften, Freundschaften erwuchsen aus gemeinsam empfundener Vernachlässigung.

Wenngleich das jetzt nicht mehr unter dem Schein von Talglichtern entsteht, so wird es auch unter Gas und elektrischem Glanz nicht anders sein. Das Menschenherz, das schon die Bibel ein trotzig und verzagt Ding nennt, bleibt sich ja immer und überall gleich.

Mir ist aus dieser Kinderzeit Freundschaft bis ins hohe Alter, wo der Tod uns schied, erwachsen; Betty Erxleben, die aus dem Havellande stammte und einst, wie ich schon erzählte, auf dem Diner in Wagenitz Tränen des Hungers vergoß, kannte ich schon seit lange; nun fanden wir uns in der Pension wieder.

Unsere innige Freundschaft ging, wie man das ja überhaupt Kindern nachsagt, zuerst durch den Magen. Zum Vesperbrot gab es Musstullen, mein Schrecken. Was aber, wie das Sprichwort sagt, des Einen Uhl ist, das ist des Andern Nachtigall – Betty aß sie gern. Da nahm sie meine verschmähten Musstullen, aber, trotz des Genusses, der ihr dadurch wurde, nicht umsonst. Ich mußte mich verpflichten, ihr am anderen Morgen einen frisch gerösteten Zwieback mitzubringen. Da unser eigener Haushalt auch in gebührender Einfachheit erhalten wurde, erlaubte sich nur mein Vater den Luxus solcher Zwiebäcke. Weil er mir aber jeden Wunsch erfüllte, gab er gern meiner Bitte nach, mir einen dieser Lekkerbissen zu überlassen, um meinen Verpflichtungen nachzukommen. Betty hat den Zwieback reichlich durch Liebe und Treue vergolten, und ihre Töchter nach ihr.

Von den Schwestern Mayets war die Jüngste, Mademoiselle Lotte, ganz taub. Sie war lange in Frankreich gewesen und gab alle französischen Stunden. Sie saß dann am Ende des schmalen Tisches. Ich gehörte zwar dem Alter nach nicht zur 1.Klasse, war aber, von frühester Jugend an französisch unterrichtet, den Kenntnissen nach reif dafür und teilte diesen Unterricht. Lotte, sie trug dicke Locken, wie sie damals Mode waren, bückte sich tief über das Heft, das sie eben zur Korrektur hatte und rief eine nach der anderen heran: *„Agnes, votre cahier"*, rief sie Agnes Erxleben zu. Diese, die geliebte, aber noch mehr gefürchtete Älteste aller Schülerinnen, stieg auf den Tisch, ging mit ausgebreiteten Armen, wir sagten wie ein Adler, den Tisch entlang und sprang kurz vor Lottes Platz herunter, ohne daß die arme taube Lehrerin eine Ahnung davon hatte. Wir waren, wie oft, über die Frechheit von Agnes entsetzt; aber wehe der, die ein Wort dagegen oder davon gesagt hätte! Agnes führte ein strenges Regiment.

Es waren frohe Zeiten, wenn wir auch über manches murrten und klagten.

Zu uns gehörte Hertha von Witzleben. Ihr Vater war General und Lieblingsadjutant Friedrich Wilhelms III. Ihm gehörte die bis vor kurzem seinen Namen tragende Besitzung in Charlottenburg. Er durfte über die königlichen Equipagen verfügen, und schickte solche öfters, um Mamsell Mayets, Hertha und einige ihrer Freundinnen abholen zu lassen. Wie stolz waren wir da, wenn wir, ein Vorrecht der königlichen Wagen, durch das Mittelportal des Brandenburger Tores fahren und auch an der Grenze des Weichbildes von Berlin auf der Chaussee die abgeschlossene Durchfahrt passieren durften.

Durch Hertha wurde viel über König Friedrich Wilhelm zu uns gebracht und die Verehrung, die ihr Vater so besonders für ihn hegte, uns allen eingeimpft.

In diese Zeit fällt eine Reise, die meine Eltern im Sommer des Jahres 1825 unternahmen, und deren Ziel Dresden und die sächsische Schweiz war. Damals ein Unternehmen, das lange vorher beraten werden mußte. Unser Wagen wurde mit einem Verdeck versehen, das auch über den Vordersitz reichte, und eine zweite ähnliche Reisekutsche gebaut. Möglichst bequeme Behältnisse für unser Gepäck, die viel Sachen aufnehmen konnten und doch wenig Raum im Wagen beanspruchten, wurden hergestellt. Unsere Kindertoilette erhielt prunkvoll erscheinende Ergänzungen. Diese Vorbereitungen bildeten Wochen vorher einen nicht geringen Mittelpunkt unserer Freude und unseres Interesses. Da meine um zwei Jahre ältere Schwester, mein Bruder und ich mitgenommen werden sollten, mußten die Ferien abgewartet werden.

Der letzte, heiß ersehnte Schultag, der dritte August, der Geburtstag König Friedrich Wilhelm III. brach an. Meine Schwester und ich begaben uns um Morgen zu Mamsell Mayets, wo zur Feier des Tages eine Ansprache an die Schülerinnen stattfand.

Adelheid von Wilmowski, die es für ihre besondere Aufgabe hielt, früh die Küche zu inspizieren, teilte uns mit, daß ein großer Braten unserer warte, eine, in der einfachen Anstaltsküche an Wochentagen unerhörte Erscheinung, die uns in sehr patriotische Stimmung versetzte. Sie wurde an der Mittagstafel noch gehoben, weil uns erlaubt ward, deutsch statt des sonst unerläßlichen Französisch zu sprechen. Nach dem Essen wurde uns völlige Freiheit gelassen, die wir zur Aufführung eines improvisierten Lustspiels, bei dem ich eine Schönhauser Bäuerin vorstellte, benutzten. So kehrten wir am Abend in der heitersten Stimmung ins elterliche Haus zurück, wo die Unruhe des für morgen bestimmten Ausbruchs herrschte. Der bewundernde Neid meiner Schulkameradinnen hatte das Gefühl meiner Erhabenheit in der Aussicht der bevorstehenden Abenteuer nicht unbedeutend gehoben, und ein Afrikareisender von heute mag kaum mit so großen Erwartungen hinausziehen, wie die meinigen waren, als wir am 4. August 1825 früh vor Sonnenaufgang durch die noch totenstillen Straßen Berlins fuhren. Selbst der Steueraufseher am Potsdamer Tor schlief noch, denn auch die Marktwagen rückten erst später in die Stadt. Um 9 Uhr kehrten wir im Gasthof zum Bären, vor dem Tore von Potsdam ein, wo unsere eigenen Pferde vorgelegt wurden. Mein Vater übernahm fortan die Führung des einen Wagens, der Kutscher die des anderen. Es erschien mir fast unbegreiflich, daß auf der einförmig zwischen Pappelreihen dahinlaufenden Chaussee, wo wenig Verkehr war, immer noch nichts Wunderbares vorkommen wollte, ja auch in Treuenbrietzen, wo wir Mittag aßen und die Pferde gefüttert wurden, nichts Besonderes sich zeigte. Gegen Abend erreichten wir Wittenberg; mein Vater führte uns dort zum Lutherdenkmal und an das Haus, wo der Reformator gewohnt hat. Hier lernte ich durch die Erzählungen meines Vaters mehr von Luther, als sonst in der ganzen Zeit meines Schulbesuches. Es herrschte damals fast in allen Kreisen eine solche Gleichgültigkeit in bezug auf religiöse Dinge, daß der Unterricht auf diesem Gebiet ein unendlich dürftiger blieb. Am nächsten Tage erlebte ich das erste Wunder auf dieser Reise; nämlich in dem

64

Städtchen Delitzsch, wo wir Mittagspause machten, sah ich einen Brunnen, der von selbst lief, ein Rätsel, das ich trotz der Erklärung meines Vaters nicht verstehen konnte. Als wir unser zweites Nachtquartier Leipzig erreichten, erregten die vor der Wache sitzenden Stadtsoldaten unser höchstes Erstaunen. Sie trugen weiße Röcke mit roten Kragen und Aufschlägen und großen blanken Knöpfen, kurze, weiße Hosen, rote Gamaschen, und saßen strickend auf hölzernen Banken! Nur der gerade Wachthabende Mann ging auf und ab. Der Unterschied zwischen dem preußischen Militär und diesen Karikaturen brachte uns zum Lachen. Mein Vater besichtigte am folgenden Tage die Schlachtfelder. Ich erinnere nur das Denkmal Poniatowskys gesehen zu haben. Auf einem Umweg über Chemnitz setzten wir unsere Reise fort. Hier besuchten wir eine Kattunfabrik, in der mir die Arbeit von Kindern auffiel, die, jünger als ich, vor den in große Rahmen gespannten Stoffen saßen, in die sie die vorgedruckten Muster hinein malten. Von Freiberg an bot die Gegend den Kindern der Mark schon viel des Wunderbaren. Da gab es Berge und Tannen, letztere kannte ich nur aus Bildern, erst viel später überzeugte man sich, daß sie auch bei uns, wo man nur die Kiefer kultivierte, wachsen können, und ich bewunderte die Tannen nicht weniger, wie später die Orangenbäume Italiens. Nicht minder interessierte mich, was ich in Freiberg vom Bergwesen erblickte. Mein Vater und mein Bruder fuhren hinab in das Bergwerk, und ich sah die Bergleute, wie sie das Erz ans Tageslicht förderten, das Silber von den Schlacken absonderten und endlich große Barren des Edelmetalls dalagen. Gegen Abend erreichten wir Dresden, wo wir die große Elbbrücke sogleich besuchten. Mir erschien es wunderbar, die Elbe hier in so ganz anderer Umgebung zu sehen, als in Schönhausen, wo ich oft an ihren ziemlich öden Ufern Muscheln gesucht hatte. Da es Sonnabend war, läuteten die Glocken von allen Türmen, und dieser feierliche Eindruck brachte mir zuerst zum Bewußtsein, daß ich nicht zu viel von dieser Reise erwartet hatte, eine Befriedigung, die sich noch steigerte, als wir am nächsten Morgen in der Schloßkirche waren, wo der katholische Pomp und die herrliche

Musik mir tiefen Eindruck machten. In einer Galerie aufgestellt, sahen wir dann den Hof nach dem Schloß zurückkehren. Hellebardiere schritten in roten Rücken voran, sie trugen lange Zöpfe und in den Händen Stäbe mit goldenen Knöpfen und farbigen Seidenschleifen. Dann kam König Anton, ein kleiner starker Herr, im roten, reich mit Gold verzierten Leibrock, weißen Kaschmir-Beinkleidern, langen weißen Strümpfen und Schnallenschuhen. Er trug eine weiße Perücke, an deren Zopf eine weiße Atlasschleife befestigt war. Die Königin erschien auch in alter französischer Hoftracht mit Reifrock und langer Schleppe, die von Pagen getragen wurde, in steifer Schnebbentaille mit hoch aufgetürmtem gepuderten Haar, auf dem ein blumengeschmückter Kopfputz thronte. Prinzessinnen, Hofdamen, Herren des Gefolges zogen vorbei. Noch heute nach so vielen Jahren sehe ich lebhaft vor mir, was dem Kinde damals unauslöschlichen Eindruck machte.

Ich verlebte in Dresden meinen elften Geburtstag, an dem mir ein etwas wunderbares Vergnügen zuteil wurde. In Berlin gab es damals noch keinen eigentlichen Zahnarzt, wohl aber in Dresden. Da meine Mutter sich um eine kleine Stelle an einem meiner Vorderzähne Sorge machte, ward dieser Künstler in das Gasthaus berufen und arbeitete viel und lange, keineswegs zu meiner Erlustigung an meinem Zahn herum, der mir aber dadurch weit über dreißig Jahre erhalten wurde. Ein Ausflug nach der sächsischen Schweiz beendete unseren Aufenthalt in Dresden. Auf der Bastei, wo es jetzt an Hotels nicht fehlt, standen damals nur einige hölzerne Buden, und meine Mutter, die darauf gerechnet hatte, dort noch Toilette für Schandau zu machen, konnte dies nur hinter einem aufgespannten Tuch ausführen. Meines Vaters Erzählung über den Aufenthalt der königlichen Familie auf dem Königstein während der napoleonischen Krieges, erinnere ich noch, und daß er sagte, man habe vergebens versucht Geschütze auf den Lilienstein zu schleppen, um von dort aus die Festung zu beschießen.

Auf der Rückreise hatte ich ein mich sehr aufregendes Abenteuer. In Oschatz speisten wir an der Wirtstafel mit Offizieren, die ein Truppenkommando dorthin geführt hatten, das den seit einiger Zeit sich immer wiederholenden Brandstiftungen in der ganzen Gegend nachspüren, die Übeltäter wenn möglichst den Gerichten überliefern und bei den Rettungtsarbeiten helfen sollte. Die lebhafte Unterhaltung an der Abendtafel drehte sich um diese Aufgaben und die Offiziere sagten, daß die Brandstifter, wenn man sie finde, wahrscheinlich dem Feuertode überliefert würden, damals die übliche Strafe für solche Verbrecher, wenn Menschenleben den von ihnen angelegten Bränden zum Opfer gefallen waren. Diese Gespräche hatten mich furchtbar erregt. Ein plötzlicher Lärm auf der Straße, das Aufspringen der Offiziere, die eine neue Feuersbrunst vermuteten, und in demselben Augenblick ein, wie mir schien, entsetzlicher Knall in der Ecke des Zimmers, versetzten mich in eine solche Todesangst, daß ich laut aufweinend in die Arme meiner Mutter stürzte und sie anflehte, diesen Ort des Schreckens zu verlassen. Der Lärm auf der Straße war inzwischen verstummt, die beruhigten Offiziere kehrten zu ihrer Mahlzeit zurück, aus der Ecke aber ergoß sich statt des gefürchteten Feuerstromes, ein kleiner schaumbedeckter Bierfluß, denn eine der großen Tonbierflaschen hatte den Korken abgeworfen. Unter allgemeinem Gelächter ward ich zu Bette befördert. Wenn ich später meinen Schulfreundinnen von meinen Reiseerlebnissen erzählte, erwähnte ich der Bierflasche in Oschatz niemals und hatte auch meiner Schwester das Versprechen abgenommen, über diesen dunklen Punkt zu schweigen.

In den Jahren wo Kindheit und Jugend grenzen, nahm meine Mutter mich und meine Schwester öfters zu den Abendgesellschaften im Hause einer ihrer Freundinnen mit, die uns regelmäßig durch die Worte einlud: „Bringe deine kleinen Mädchen mit, damit sie sich mit Anstand langweilen lernen." Meine um zwei Jahre ältere Schwester fühlte sich durch diese Form beleidigt und folgte in möglichst übler Laune. Mir versüßte die Aussicht auf Baisertorten und Eis das sonst allerdings langweilige Vergnügen, bei denen es nicht immer leicht war, das Gähnen mit Anstand zu unterdrücken, denn die Fragen der anwesenden Damen nach unserem Alter, unserem Schulbesuch usw. boten dem lebhaften Kinde keine Unterhaltung. Einer dieser Abende war mir dennoch sehr interessant, und was ich erlebte, bot mir am nächsten Tage nicht geringen Anlaß, mich mit Stolz des großen Ereignisses zu rühmen. Ich sah nämlich Chamisso.

Zwischen der Wirtin und meiner Mutter saß der Dichter auf dem Sofa, aber seine äußere Erscheinung machte keinen sehr poetischen Eindruck. Sein starker Kopf, der etwas in den Schultern steckte, war mit dickem, grauen Haar bedeckt, das er in der Mitte gescheitelt trug.

Buschige Augenbrauen gaben seinem Gesicht etwas sehr Finsteres. Er trug einen grauen Rock. In sich zusammengesunken, sprach er wenig und ließ die Liebenswürdigkeiten der beiden Damen über sich ergehen, ohne ihnen irgendwie Rechnung zu tragen. Ja, es machte den Eindruck, als könne weder Scherz noch irgendwelche Freudigkeit Anklang bei ihm finden. Wenn ich später seine Gedichte mit Entzücken las, ist es mir immer unklar gewesen, daß in diesem Kopf, hinter dieser fast finsteren Stirn, nicht nur soviel Poesie, sondern auch ein Humor wohnen konnte, wie er sich z. B. in der „Tragischen Geschichte" („s'war einer, dem's zu Herzen ging, daß ihm der Zopf so hinten hing") ausspricht; oder in der köstlichen Szene, wo der Vater, seiner Tochter zur Ehe mit einem ungeliebten Manne zuredend, schließlich an seine Frau appelliert: „Mutter, haben wir uns je geachtet, haben wir uns je geliebt?"

Chamisso konnte bis an sein Ende unsere Sprache weder korrekt sprechen noch schreiben. Und doch ist er ein d e u t s c h e r Dichter gewesen in des Wortes bester Bedeutung. König Friedrich Wilhelm IV. hat ihm als Kronprinz geschrieben: „Die vielen Schnurren und Malizen in Ihren Gedichten sind keine welsche, sondern echt nationale, und sogar den gottlosen Béranger haben Sie nicht übersetzt, sondern verd e u t s c h t!"

Der Unterricht bei Mayets, der sich hauptsächlich auf das Französische beschränkte und sonst manche Mängel bot, genügte meinen Eltern auf die Dauer nicht, und so traten wir Schwestern in die Büttnersche Schule ein; diese war sehr besucht und genoß den besten Ruf.

Von den Lehrern ist mir besonders Dr. Seidel in Erinnerung geblieben; er verstand es in hohem Maße anregend auf seine Schülerinnen zu wirken, Lob und Tadel aus seinem Munde spornten uns zu ungewöhnlichen Leistungen an. Besonders genußreich gestalteten sich für uns die Stunden, in denen Gedichte gelesen wurden, z. B. „die Glocke" mit verteilten Rollen. Trug er selber ein Gedicht vor, so erreichte die Begeisterung ihren Höhepunkt. Die schwülstige Poesie jener Zeiten rührte uns oft zu Tränen, und auch Dr. Seidels Augen blieben nicht trocken, wenn er „Adelaide" von Matthisson vortrag:

„Einsam wandelt dein Freund im Frühlingsgarten,
Mild von lieblichem Zauberlicht umflossen,
Das durch wankende Blütenzweige zittert:
Adelaide.

In der spielenden Flut, im Schnee der Alpen,
In des sinkenden Tages Goldgewölken,
Im Gefilde der Sterne strahlt dein Bildnis:
Adelaide.

Abendlüftchen im zarten Laube flüstern,
Silberglöckchen des Mais im Grase säuseln,
Wellen rauschen und Nachtigallen flöten:
Adelaide.

Einst, o Wunder! erblüht auf meinem Grabe
Eine Blume der Asche meines Herzens;
Deutlich schimmert auf jedem Purpurblättchen:
Adelaide."

Wir hatten uns infolgedessen einen ganzen Roman für den guten Herrn Seidel konstruiert, glaubten fest an seine früh verstorbene Adelaide und bewunderten in gefühlvoller Teilnahme seine Treue für die Geliebte.

Übrigens war er kein unpraktischer Schwärmer; er zeigte uns außerdem allerhand Nützliches, wie die damals so nötige Kunst Briefkuverts selbst anzufertigen; wir waren stolz darauf, sie auf vier verschiedene Arten herstellen und mit Geschick siegeln zu können. Auch Schreiben mit schicklichen Anreden an hohe und allerhöchste Personen, neben deutschen Aufsätzen selbstgewählte geschichtliche und poetische Themata lehrte er uns zu verfassen.

Eine originelle Praxis verfolgte er beim Geschichts- und Geographie-Examen: Papierstreifen, mit unseren Namen beschrieben und dann zugeknifft, wurden auf den Tisch geworfen; die Trägerin des am weitesten fortgeflogenen Namens mußte sich zu ihm setzen und wurde 10 Minuten lang gründlich ausgefragt. Da nun niemand wußte, wen das Los treffen würde, so bereiteten sich alle eifrigst vor.

Bis zum Jahre 1831 besuchte ich die Schule, wurde aber erst im folgenden eingesegnet, in der Dreifaltigkeitskirche bei Schleiermacher; drei Jahre hatte ich seinen Religionsunterricht besucht.

Wer, so wie ich, durch ein langes Leben hindurch, dem Wechsel der Zeit gefolgt ist; wer Menschen und Verhältnisse in ihrem Wandel gesehen, hat auch Gelegenheit gehabt, zu beobachten, wie sich das religiöse Leben in weiten Schichten gewandelt und gehoben hat.

Obgleich im Hause meiner Eltern durch meine Mutter kirchlicher Sinn aufrecht erhalten wurde, so war es doch nur ein totes Wesen, wie in all den Kreisen, in denen ich als Kind lebte. Jenes *cantique de Boileau*, das ich an Stelle eines Gesangbuchliedes lernte, ist bezeichnend für den religiösen Standpunkt jener Zeit; es beginnt:

„Dieu dans la nature entière je vois ton temple autour de moi."

Man verherrlichte Gott in der Natur, stand aber dem Heil in Christo ganz fern. Schleiermacher nahm in seinen Konfirmandenstunden nur das Glaubensbekenntnis durch; die anderen Hauptstücke wurden nie eingehend erläutert, vielleicht durch auftauchende Fragen gelegentlich gestreift. Traten bei dieser Gelegenheit recht verkehrte Antworten zutage, so wurden diese nicht widerlegt, sondern führten nur zu neuen Fragen. Daraus entstand ein Gewebe, dessen Fäden selbst ein besonders begabter Geist kaum folgen konnte, um so mehr, als dergleichen Fragen oft wochenlang schwebten.

Weder Bibelsprüche noch Kirchenlieder wurden gelernt. Auf diese Weise hatte das Kind nichts, woran sich halten, wenig fürs Leben mitzunehmen.

Wieviel Schleiermacher als Wecker des toten Christenlebens getan hat, ist allbekannt; die Macht seiner Rede war eine unsagbar große. Ich kann mir wohl denken, wie er viele, die ein höheres Verständnis hatten, als wir Kinder, mit siegender Gewalt zu dem Herren Himmels und der Erde geführt hat, wenn er sie, aus dem Worte Gottes schöpfend, aufrief, dem irdischen Herren, dem König, Gut und Blut zu opfern.

Meine Mutter erzählte von jener begeisternden Feier, zu der sich vor dem Ausmarsch 1813 eine Schar des Berliner freiwilligen Jägerkorps mit ihren Angehörigen in der Kirche versammelte, um gesegnet in den Kampf fürs Vaterland auszuziehen. Während der Predigt standen die Büchsen an die Wände gelehnt, und aus dem Gotteshause ging es fort, mit Gott für König und Vaterland zu siegen – oder zu fallen.

Da sind viele Tränen geflossen! Die sie vergossen, wußten klar, warum sie weinten, und wer diese Tränen trocknen konnte.

Wir weinten bei der Einsegnung Ströme von Tränen der Rührung; worüber aber, das hätte wohl kaum eine sagen können!

Für mich sind Jahre vergangen, ehe ich ein wirkliches Verständnis des Christentums gewonnen habe. Ein lieber, alter Freund, der fromme Professor Rabe, ist mein Leiter dafür gewesen, er veranlaßte mich, die Predigten von Hoffmann im Dom zu hören. Durch ihn ist mir klargeworden, daß ohne Christum kein Heil für Leben und Sterben sei. Eine Predigt ist mir besonders erinnerlich, die dem zweifelnden Thomas Schritt für Schritt folgte, bis er niederfiel zu den Füßen der Herrn mit dem Ausruf: „Mein Herr und mein Gott!"

So bin auch ich geführt worden.

Otto besuchte gleichfalls den Schleiermacherschen Religionsunterricht, wurde aber, wenngleich wir im selben Alter standen, ein Jahr früher konfirmiert als ich. Der Unterricht fand in dem Gebäude statt, wo jetzt das Hausministerium ist. Die Knaben wurden entlassen, kurz ehe wir kamen; so begegneten wir uns; oft auf dem Wege, wenn ich mit meinen Gefährtinnen hinging. Da wurde ich häufig, nach Ottos freundlichem Gruße, mit meinem häßlichen, ungelenken Vetter geneckt. Otto war damals sehr lang gewachsen, schmal, und ließ noch nicht die Hünengestalt seiner späteren Jahre ahnen.

Wenn seine Eltern nicht in Berlin waren, besuchte er uns öfter des Sonntags Abends und war ein heiterer, munterer Kamerad, der immer Neues, Spaßhaftes zu erzählen wußte. Wenig angenehm allerdings war mir unter seinen Scherzen folgender: er sagte, sein Französisch absichtlich verdrehend „*je veux trancher des visages*" und stellte sich mit gräßlichem Gesichterschneiden vor mich hin.

Später sind unsere Lebenswege lange auseinandergegangen, und ich habe ihn erst als Bundestagsgesandten wieder gesehen.

Da hatte er inzwischen wahr gemacht, was einst Geheimrat Wilke, sein Vorgesetzter aus der Potsdamer Referendarzeit, zu meiner Mutter sagte, nämlich: „Wenn es dem Herrn von Bismarck gelingt, seine persönliche Faulheit zu überwinden, dann ist er zu allen hohen Staatsämtern fähig!"

Scheiden aus dem Elternhaus

Bald nach meiner Einsegnung, die am Gründonnerstag, den 19. April 1832 stattfand, nötigten Familienzerwürfnisse und Vermögensverhältnisse, die sich von Tag zu Tag verschlechterten, meinen Vater zu dem schweren Schritt, Schönhausen zu verkaufen. Bald waren wir in soviel Not und Elend verstrickt, daß meine Eltern sich trennten; meine Mutter zog nach Friesack, in dessen Nähe ihre Verwandten lebten.

Als ich erwachsen war, und die Gestaltung unserer Verhältnisse mir klar wurde, empfand ich den lebhaften Wunsch, etwas zu verdienen, um meiner Mutter die Erziehung der jüngeren Geschwister zu ermöglichen. So nahm ich dankbaren Herzens die Vermittlung meiner Freundin Betty Erxleben, späteren Frau von Brand, an und kam durch sie als Erzieherin in das Haus des Herrn von Langenn-Steinkeller nach Birkholz. Es war ein schwerer Weg für die kaum Zwanzigjährige, welche mit allen Vorurteilen damaliger Zeit gegen den Erwerb durch Arbeit, und verwöhnt bis in das äußerste aufgewachsen war. Erzählten sich doch die Leute, meine Eltern hätten uns nur mit silbernem Spielzeug spielen lassen.

Aber Gott hat diesen Weg gesegnet und mich dadurch zu glücklichem Alter geführt. Was ich, die ich so ganz unvorbereitet zu einem schweren, verantwortungsvollen Beruf kam, versehen habe, hat Gottes Güte gnädig bedeckt. Lob sei Ihm, Dank den Menschen, die mich in Liebe getragen haben!

Die Familie in Birkholz bestand aus den Eltern und 6 Kindern. Die zwei älteren Söhne wurden außerhalb erzogen; meiner Obhut waren die drei Schwestern und der jüngste Sohn anvertraut.

Heute würden die Leute staunen, daß es mir möglich war, gänzlich unvorbereitet, nur mit den gewöhnlichsten Schulkenntnissen ausgerüstet, eine derartige Stelle zu bekleiden, und doch bin ich 10 Jahre dort gewesen, von 1836–1846.

Der Vater meiner Zöglinge war und ist noch heute für mich das Bild eines unbeschreiblich liebenswürdigen Mannes.

Klarer Verstand und unbegrenzte Herzensgüte waren die Grundzüge seines Wesens. Was positive Kenntnisse anbelangt, war seine Bildung den Anforderungen seiner Jugendzeit entsprechend, gering. Kaum erwachsen war er ja in die Freiheitskriege gezogen und kehrte, mit dem Eisernen Kreuz geschmückt, heim; später ließ ihm die Bewirtschaftung seines Gutes keine Zeit zu wissenschaftlichem Studium. Dessen ungeachtet ist mir oft, als müßte ich seine Enkel und Urenkel bedauern, daß sie diesen Mann nicht gekannt haben.

Er betrieb die Landwirtschaft seines großen Grundbesitzes sehr gewissenhaft, aber die Jagd war seine besondere Freude, und er verdarb oft die Laune der nicht immer „gnädigen" Frau, wenn er über der Verfolgung einer angeschossenen Wildes die Mittagsstunde vergaß.

Frau von Langenn-Steinkeller, eine geborene Köller, Tochter des Präsidenten von Köller, der während der Kriegszeit in Posen die Regierung vertrat, hatte im Elternhause wohl nie den Geist fröhlicher Familiengemeinschaft kennengelernt. Über ihrem elterlichen Hause lagerte ein pedantischer Ernst, der jede freie Äußerung individuellen Lebens erstickte. Aus dieser eingeengten Kindheit und Jugend war der dritten Tochter, Friederike, oder Fritze, wie sie genannt wurde, ein Wesen eigen geblieben, daß auch in ihrem Hause keine rechte Gemütlichkeit aufkommen ließ.

Eine vorzügliche Hausfrau, streng in ihrem ganzen Wesen, überall aus Ordnung haltend und fleißig schaffend, war sie nicht frei von einer gewissen Launenhaftigkeit, die das Beisammensein nicht eben immer behaglich machte.

Störungen, wie verspätetes Heimkehren der heranwachsenden Söhne von der Jagd, konnten Gewitterwolken schwerster Art am häuslichen Himmel auftürmen. Infolgedessen hingen die Kinder mehr an dem immer liebenswürdigen, nachgiebigen Vater, als an der zwar sorgsamen, aber strengen und durch ihre Launen nicht immer gerechten Mutter.

So konnte es vorkommen, daß der Vater den Kindern, wenn diese sich bei einer, nicht allen Anforderungen der Etikette entsprechenden Belustigung tummelten, im gegebenen Augenblick warnend zurief: „Loost man ab, Muttern kommt!"

In mancher Beziehung war sie wunderbar nachgiebig, trug auch dem freundschaftlichen Verhältnis der ältesten Tochter zu mir voll Rechnung. Ich habe oft bewundert, daß sie so gar nicht empfindlich war, wenn Clara dem mütterlichen Geschmack in Toilettenangelegenheiten nicht traute und bei allem, was die Mutter vorschlug, erklärte, erst meine Meinung einholen zu wollen, um dieser meist unbedingt zu folgen. Dann lachte Muttern und sagte: „Es freut mich, daß Ihr Euch so gut steht!"

Das Birkholzer Haus zeichnete sich durch Gastfreiheit aus, und namentlich Verwandte, die in bescheidenen Verhältnissen lebten, wußten viel von der hilfsbereiten Güte der Hausfrau zu sagen. Und doch konnte es vorkommen, daß diese sich einfach ins Bett legte und krank melden ließ, wenn unerwarteter Besuch zur Mittagszeit vorfuhr, und sie fürchtete, ihre Hausfrauenehre preiszugeben, weil sie keinen Braten hatte. Freilich nützte diese Kriegslist nicht viel, denn der gute Hausherr nötigte die zuerst abgewiesenen Gäste mit freundlicher Liebenswürdigkeit, dennoch an dem einfachen Mittagsmahl teilzunehmen, wobei dann die vergnügteste Stimmung herrschte – allerdings in gedämpftem Ton, um die schmollende Hausfrau nicht zu stören.

Eines Silvesterabends hatte sie sich mit der abwehrenden Bemerkung: „Nein Kinder, wir gehen zu Bett!" früh in ihr Schlafzimmer zurückgezogen, als ein listiges Augenplinken und verstohlenes Winken des Vaters die zurückgebliebene Gesellschaft in einen Seitenflügel des alten, geräumigen Hauses beschied, wo man bei einem prächtigen Pünschchen gründlich Silvester feierte und das am anderen Morgen hereinbrechende Donnerwetter willig ertrug.

Im Hause ihres Schwiegersohnes verlebte die greise Präsidentin von Köller ihre letzten Lebensjahre. Sie erzählte gern und viel von den schweren Jahren der Franzosenzeit, war aber nicht mehr ganz zuverlässig mit Jahreszahlen. Zum allgemeinen Ergötzen sagte sie z. B.: „Meine Tochter, die Platen, ist Anno 800 geboren", also, wie wir ergänzten, Zeitgenossin Karls des Großen. Mich fragte sie, ob meine Mutter mir erlaubt habe, 1809 mit den Franzosen zu tanzen; dies wäre mir nun wirklich sauer geworden, da ich erst 6 Jahre später das Licht der Welt erblickte.

Eine kleine Episode aus dem Köllerschen Hause gibt einen Beweis der damaligen Stimmung. Napoleon hatte sich im Hause des Präsidenten von Köller einquartiert, und dieser seiner Familie auf das Strengste verboten, sich vor den Franzosen sehen zu lassen oder in irgendwelche Berührung mit ihnen zu treten. Plötzlich befahl der Kaiser, dem das völlige Verschwinden der Damen aufgefallen sein mochte, daß eine der Töchter des Hauses ihm persönlich das Frühstück bringen solle. Herr von Köller, sehr ergrimmt über diese Zumutung, musterte seine Töchter und befahl peremptorisch: „Fritze, du bist die Garstigste, dann tu du's!" Und so geschah es.

Es muß auch zugegeben werden, daß Frau von Langenns Züge zwar eine große Energie ausdrückten, aber nicht gerade schön und verführerisch waren. Sie gehörte unter keinen Umständen zu den wunderbar schönen Großmüttern, über die jede Familie mit Stolz zu verfügen pflegt.

Die Anmut, die der Mutter fehlte, besaß ihre älteste Tochter, Clara, in hohem Maße. Sie war der Liebling des Vaters und glich ihm auch in ihrem ganzen Wesen.

Mit 20 Jahren wurde sie von Ludwig von Wedemeyer heimgeführt, dessen Vater das Nachbargut Schönrade besaß, und ihre Kinder lernten es bald, daß der Großvater das Verziehen verstand.

Die älteste Enkelin sollte als 4-jähriges Kind mit dem um ein Jahr jüngeren Bruder nach Birkholz übersiedeln, während die Großmutter zur Pflege eines soeben einpassierten Brüderchen in Schönrade weilte. Der kleine, etwas bequeme Mann war nicht für die Fahrt aufgelegt, und die Schwester bewog ihn erst dazu, indem sie sagte: „Max, so sei doch nicht so dumm, Großmutter ist ja nicht zu Haus, und da tut Großpapa alles, was wir wollen; mittags gibt er uns Wein, und abends fährt er mit uns spazieren." Dies leuchtete dem sich Sträubenden ein; sie gingen hin – und es war so!

Großmutter aber, die alles durch die offene Tür mit angehört hatte, war liebenswürdig genug, darüber zu lachen, wie sie ja überhaupt, wenn es ihr nicht ganz wider den Strich ging, sehr gemütlich sein konnte.

Unter den Bediensteten des Hauses Birkholz spielte der alte Kutscher Karras eine hervorragende Rolle. Kaum hat es einen originelleren Menschen als ihn gegeben. Karras – er ist uns schon auf einer der ersten Seiten begegnet – war, ich glaube, er wußte selbst kaum wie lange, in Herrn v. Langenns Dienst. Er teilte die Jagdpassion seines Herrn, und ohne Karras konnte eigentlich kaum etwas im Haus und Hof geschehen. Er war sehr sorgsam für alle Pferde, besonders für seine stolzen 4 Kutschpferde, verlangte aber auch viel von seinem Gehilfen im Stall. Mit seiner wunderlichen Redeform: „denn dernachen denn", mit der er fast jeden Satz langsam und bedächtig einleitete, sagte er von einem Stalljungen: „Denn dernachen denn, wenn der Bengel nicht in seiner Dummheit hätte laufen lernen, der ließe sich heute noch tragen" und ein anderes Mal: „Wenn Dummheit weh täte, schrie er den ganzen Tag."

Einen jungen Diener, der große Abneigung gegen Wasser und Seife zeigte, erklärte er, bei Erörterung über einen der damals noch seltenen Maskenbälle in Friedeberg: „Denn dernachen denn, wenn du auf'n Maskenball gehst, du brauchst dir bloß die Hände zu waschen, dann kennt dir keiner."

Als einst Großmutter Langenn, obgleich hohe Fünfzigerin, noch mit kühnem Mut ein Roß bestieg, und der Ritt an einigem Widerstand des Gauls scheiterte, ließ sich Karras vernehmen: „Denn dernachen denn, wenn zwei so'ne Alten zusammenkommen, dann geht's nicht gut, denn die sind beide neeweddderig."

Frau von Langenn war beim Fahren sehr ängstlich; einmal klagte sie, nach einer Fahrt bei unergründlichen Wegen dem Gatten, sein Karras habe sie durch unvernünftiges Fahren in große Angst versetzt; als Herr v. Langenn den Alten zur Rede stellte, erwiderte er lakonisch: „Wir haben ihr wohl quietschen hören."

Karras durfte so etwas sagen, was einem anderen wohl schwerlich erlaubt gewesen wäre. Auf einer Reise nach Teplitz, die damals mit eigenen Pferden gemacht wurde, hatte er Großpapa Langenn begleitet. Der alte Herr war einige Tage krank, und da fanden ihn Freunde im Bett und Karras im Schlafrock mit der langen Pfeife daneben sitzend, zu gemütlicher Unterhaltung. Dennoch kam das Verhältnis nie aus dem Gleichgewicht. Herr v. Langenn blieb der Gebieter, Karras der Kutscher, der seine Stellung nie vergaß.

Eine Figur wie die seine, würde jedem Lustspiel zum Erfolge verhelfen: ungelehrte Klugheit, strengste Redlichkeit und ein trockener Humor streiften bei allen seinen höchst komischen Eigenschaften doch nie an Karikatur.

Zu den Hausgenossen in Birkholz zählte noch der alte Götsch, ein von dem Nebengute Wildenow übernommener alter Inspektor. Seine Dienste bestanden jetzt nur noch im Füttern der Schwäne und derartigen Beschäftigungen. Als ständiger Tischgenosse der Familie hatte er nicht nur das Privilegium, sein Mittagessen mit seinem gewohnten Schnäpschen zu würzen, sondern auch bisweilen, nach dem Essen, alte Geschichten auszukramen.

Unter diesen erinnere ich mich besonders derjenigen, die von dem viel berüchtigten Besitzer von Großbeeren, dem sog. Geist von Beeren handelten.

Da kamen schnurrige Erlebnisse zutage, die ich aus den Erzählungen meiner Mutter als wahr bestätigen konnte.

Der Vater des alten Götsch stand im Dienste dieses mehr als wunderlichen Herren, und so mußte der Sohn, nach den damaligen Begriffen der Zugehörigkeit, auch dort eintreten. Er ward also Reitknecht. Der alte, gottlose Herr, der allem, was heilig war, Hohn sprach und mit dem Pfarrer des Ortes immer im offenen Kampfe stand, zwang den Knaben, während des Gottesdienstes nach seinen lauten Kommandorufen vor der Kirche Schule zu reiten. Ward also, durch Lärm und Schreien, der Gottesdienst zu verfrühtem Schluß gebracht, so verhöhnte der alte Geist den heraustretenden Pfarrer, und es spielte sich eine sehr unliebsame Szene zwischen diesen beiden vor der Kirchtüre ab.

Ein anderes Mal war Herr von Geist weder durch wiederholte Anordnungen des Landrates, noch durch Verurteilung des Kammergerichtes zu bewegen, eine schadhafte Brücke auszubessern. Einmal entschuldigte er sich mit folgendem klassischen Ausspruch: „Gestern habe ich sechzig Ochsen über die Brücke treiben lassen, da wird der Herr Landrat wohl auch unbeschadet darüber gehen können."

Als Geist dann, trotz dieser sachlichen Begründung, zur Instandsetzung der bewußten Brücke verurteilt worden war, ließ er diese abbrechen und die ganze abgebrochene Brücke auf den Hof des Kammergerichts in Berlin bringen – Götsch hat selber bei diesem Transport geholfen –, mit einem Anschreiben, das besagte: dem hochlöblichen „Jammer"-Gericht (wie Geist es zu titulieren pflegte), welches sein Urteil ohne Besichtigung des Gegenstandes gefällt, wolle er nun, aus besonderer Rücksicht und Gefälligkeit zur klaren Einsicht verhelfen, und schicke anbei die Brücke, damit man sich überzeugen könne, daß das Material noch vollständig wohlerhalten sei.

Natürlich wurde Geist in Ordnungsstrafe genommen, und es entspann sich eine lange Korrespondenz darüber. In seinen Schreiben ließ er den, in solchen Schriften üblichen, sogenannten Submissionshaken, der Anrede und Text verband, aus. Dies brachte ihm wieder eine Rüge ein. Als Erwiderung schickte er einen großen Bogen, von oben bis unten mit Submissionshaken versehen: groß und klein, lang und kurz, nach rechts und nach links gebogen, und fügte die Bitte bei: Ein hochlöbliches Kammergericht möchte bezeichnen, welchen der Haken er fortan in seinen Schreiben anwenden solle.

Noch ärger war es, daß er dem Präsidenten des Kammergerichts einst die Zeichnung einer Schlafmütze übersandte, mit der Überschrift: „Du bist und bleibst eine".

Natürlich neue Strafverfügung. In derartigen kindischen Streitigkeiten verschwendete Geist v. Beeren den größten Teil seines Vermögens; der Besitz ging bald nach seinem Tode in andere Hände über.

Vor dem Gefängnis hat ihn nur die Nachsicht des Königs gerettet, der bestimmte, den Alten „als verkehrt und deshalb unzurechnungsfähig anzusehen".

Nur selten gelang ihm ein wirklich guter Witz; so damals, als zu einer Zeit starker Raupenplage eine Verfügung ergangen war, die langatmig und vom grünen Tisch aus Vorschriften für das Vertilgen von Raupen gab. Geist schrieb der Behörde kurz zurück: „Ich habe die hochlöbliche Verfügung den Raupen vorgelesen, und sie haben sich alle tot gelacht!"

10 Jahre lang war ich im Birkholzer Hause, habe aber diese ganze lange Zeit nicht etwa ausschließlich in Einsamkeit auf dem Lande verbracht, sondern mit der Familie Langenn manche Reise nach Berlin unternommen und manche interessante Erinnerung aus der dortigen Welt sammeln können.

Meine erste Erinnerung an König Friedrich Wilhelm III. liegt freilich noch weiter zurück. Sie steht in Verbindung mit einer Ohrfeige, die ich als Kind erhielt und hat sich durch diese Beigabe vielleicht besonders lebhaft in meiner Erinnerung eingeprägt. Der König hatte ein Bein gebrochen; in der allgemeinen Teilnahme dafür teilte unsere Erzieherin mir dies mit: *„le roi a cassé une jambe!"* Flüchtig, wie meist, erwiderte ich: *„plait-il, une oie?"* und wurde prompt durch schlagenden Beweis auf mein unpatriotisches Mißverständnis zurückgeführt.

Der König hatte in Teplitz, wo er zur Kur weilte, die Greisin Auguste Harrach kennengelernt und sich mit ihr vermählt. Unter dem Namen einer Fürstin Lignitz führte er sie nach Berlin.

Ihr Hofstaat wurde eingerichtet, und eine Verwandte von uns, Fräulein von Heister, wurde zu ihrer Hofdame ernannt, einigermaßen zum Mißbehagen der Familie, die diesen Gnadenbeweis nicht zu würdigen wußte und sich über die unebenbürtige Heirat des Königs aufhielt.

Mir erschien das Los der Fürstin, wenn ich sie später, als wir in Berlin wohnten, mit vier Füchsen und Vorreiter, dazu zwei Diener auf dem Trittbrett des Wagens einherfahren sah, sehr beneidenswert. Es ist aber, glaube ich, nicht gar glänzend gewesen, namentlich in den ersten Jahren nicht.

Bevor sie eine angenehme Stellung im Königshause und in den Hofkreisen erlangte, hat sie durch manche Demütigung gehen und manche schwere Erfahrung in den Kauf nehmen müssen. Doch hat ihre persönliche Liebenswürdigkeit, ihr anspruchsloses Zurücktreten und das freundliche Entgegenkommen des Kronprinzen schließlich ihren Weg geebnet.

Die Fürstin hätte gern nur der Pflege und dem Umgang mit dem König gelebt. Das aber wollte dieser nicht; sie sollte bei den Hoffesten erscheinen. Jedoch die Stellung seiner ebenbürtigen Gemahlin konnte er ihr nicht geben, das verboten die Regeln der Etikette. Bei Anwesenheit der Töchter des Königs, anderer Prinzessinnen und fremder Fürstlichkeiten, fand sie stets am äußersten Ende der Tafel ihren Platz. Da erzählte man, der Kronprinz sei einmal, als sie recht still dort gesessen habe, von seinem Platz aufgestanden und habe sich zu ihr gesetzt, mit der Äußerung: „Wo ich sitze, ist immer obenan."

Ein andermal habe er sie, ohne nach Etikette zu fragen, durch die staunende Menge zu Tisch geführt.

So änderte sich die Stellung der Fürstin sichtlich, besonders, je mehr man einsah, wieviel sie dem König war, und wie sehr ihre nächste Umgebung sie hochschätzte.

War der König in Berlin, so besuchte er jeden Abend das Theater, saß aber fast versteckt in der kleinen Loge. Repräsentation bei besonderen Gelegenheiten, auch im Theater, überließ er dem kronprinzlichen Paare. Bei gutem Wetter ging er allein vom Palais aus ins Opernhaus. Ich selbst sah ihn einst diesen Weg nehmen. Er kam aus dem Garten des Prinzessinnen-Palais, schloß hinter sich die Tür zu, ging über die kleine Brücke, dann über die Straße zum Seiteneingang hinein.

Das Interesse des Königs erstreckte sich auch auf hervorragende Persönlichkeiten vom Theater.

Außer dem königlichen Opern- und Schauspielhaus gab es nur noch das Königstädtische Theater auf dem Alexanderplatz. Der Stern dieser Bühne war die berühmte Sängerin Henriette Sonntag, die später, als Gräfin Rossi, auch im Opernhause sang.

Auf sie dichtete Heinrich Heine sein berühmtes: „Du bist wie eine Blume, so schön, so hold, so rein," und reichte es ihr mit Bleistift auf einen Papierzettel geworfen, in den Wagen, nachdem er ihren hinreißenden Gesang gehört.

Wie sie selbst diesen ausgesprochenen Realisten begeisterte, so rechtfertigte die ganze Persönlichkeit der großen Künstlerin die Vertraulichkeit, mit der sie bei Hofe aufgenommen wurde, und es erregte durchaus keinen Anstoß, wenn die liebenswürdige Henriette Sonntag beim König sang und dann länger bei ihm und der Fürstin zur Unterhaltung blieb.

Sehr gern sah der König auch die beiden Schwestern Bertha und Clara Stich bei sich, Töchter erster Ehe der berühmten Schauspielerin Crelinger. Beide liebenswürdige, fein gebildete Mädchen und Künstlerinnen im Schauspielfach. Diese fanden immer, wenn sie von dem Besuch im Palais zurückkamen, irgendeine Überraschung, in Gestalt eines Geschenkes vom König vor, gewöhnlich schönes, damals noch seltenes Obst, einmal aber, etwas ganz Außerordentliches, Hüte aus Paris. Der König hatte einen solchen für die Fürstin kommen lassen und diese ihn den bewundernden Schwestern gezeigt, die dann mit ähnlichen erfreut wurden.

Besondere Vorliebe hatte der König auch für das Ballett; die Tänzerinnen wurden zwar nicht in Verkehr gezogen, doch ging Se. Majestät gern in den Zwischenakten hinter die Kulissen und auf die Bühne. Man wollte wissen, daß einmal der Vorhang voreilig ausgezogen und der König dem Publikum noch sichtbar gewesen sei.

Auch erzählte man sich, der Kronprinz, welcher mit seinem, nie bösartigem Spott die kleinen Schwächen des Vaters geißelte, habe, als die Kronprinzessin ihn auf eine Krähe aufmerksam machte, die wunderbare Bewegungen mit Kopf, Flügeln und Beinen ausführte, gesagt: „Sei nur still, daß Papa es nicht hört, sonst engagiert er sie fürs Ballett!"

Der tanzenden Jugend sah der König, auch bis in seine frühesten Lebensjahre, gern zu. Da er früh zur Ruhe gehen sollte, wurden im Palais *dejeuners dansants* gegeben. Ein nach jetzigen Begriffen recht einfaches Mahl eröffnete, vielleicht um 1 Uhr, das Fest, und dann wurde bis 6 oder 7 Uhr getanzt.

Der König, in dem unkleidsamen, spitzschößigen Uniformfrack, um den Hals die steife, schwarze Binde, die nur durch ein gelegte Sprungfedern dem Halse Bewegung gestattete, den dreieckigen Hut mit den Generalskordons und dem kleinen schwarzen Federbusch in der Hand, stand während des ganzen Tanzes an der Tür des Saales. Er unterhielt sich gern mit hübschen jungen Mädchen, die trotz seiner Wortkargheit für ihn schwärmten. Eine, die damals jung war, hat bis in ihr spätes Alter ein Armband getragen, in das eine schwarze Feder, die der König vom Hut verlor, eingelegt war.

Das Leben verlief damals so ruhig, so ohne ein größeres Interesse, daß dergleichen kleine Ereignisse aus den Hofkreisen überall besprochen wurden. Und wie eng waren die Grenzen der Hofgesellschaft gezogen. Nur der Adel hatte Zutritt, und auch der bürgerlich geborenen Frau eines Adligen blieben die geheiligten Pforten verschlossen. So konnte auch die Mutter des Fürsten Bismarck nicht zu Hofe gehen, denn, um mit Frau Dutiter, von der später noch erzählt werden soll, zu reden, fehlte ihr beides: das f.o.n. = von – vor dem Namen und das von derselben noch wichtiger erklärte *argent* in der *poche*.

Freilich ahnte niemand damals, welch eine Rolle ihr Sohn einst am Berliner Hofe spielen würde.

Dem so überaus einfachen Sinn des Königs widersprach jedes Fest, das ihn in den Vordergrund stellte. So entzog er sich immer der Feier seines Geburtstages und ging mit der Fürstin und seiner allernächsten Umgebung nach der Pfaueninsel. Das kleine Schlößchen dort war sein Lieblingsaufenthalt. Er hat es, soviel ich weiß, bauen lassen, jedenfalls sind die Gartenanlagen unter seiner Leitung gemacht. Es war freilich damals ein noch ziemlich entlegener, aber doch schon oft besuchter Ausflugsort der Berliner.

Tiere, die man sonst nur ausgestopft und von Motten benagt in naturhistorischen Museen sah, wurden dort gehalten; sie siedelten bei Anlage des zoologischen Gartens als Stamm der dortigen Tierwelt später nach Berlin über. Besondere Staunen erregte die Bärengrube, denn sonst sah man den guten Petz nur als ungeschickten, jedenfalls mißmutigen Tänzer seine Künste auf Straßen und Plätzen zeigen, wenn Jahrmarkt oder andere Volksfeste die Gelegenheit dazu boten.

Das Gefühl eines, ich möchte sagen, heiligen Schauers ist mir unvergeßlich, wie ich als Kind die einfach gehaltenen Räume des Inselschlößchens zum ersten Mal betrat. Der Gedanke, daß dort der König wohne, der über die Geschicke so vieler Menschen, ja über Leben und Tod zu entscheiden habe, bewegte das kindliche Gemüt so mächtig, daß der Eindruck noch lange in mir nachklang.

Der alte König lebte in jetzt kaum verständlicher Einfachheit. Er war jedem Luxus abgeneigt.

In einem zitronengelben Wagen mit halbem Verdeck, den zu besteigen jetzt kaum ein kleinstädtischer Fuhrmann seinen Kunden zumuten würde, fuhr er durch die Stadt, sowie nach Potsdam und Charlottenburg. Die Eisenbahn nach Potsdam wurde zwar im letzten Jahre vor dem Tode des Königs erbaut, von ihm aber, als halsbrecherische Neuerung, nie benutzt. Auf dem Bock des Wagens, der nur zu weiterer Fahrten mit 4 Pferden bespannt wurde, saßen der Kutscher und der Diener, beide in einfachen, dunkelblauen Röcken mit roten Kragen und Aufschlägen. Als Kopfbedeckung trugen sie die geschmacklosen dreieckigen Hüte,

84

die auch die Galakopfbedeckung der Offiziere zu meiner Jugendzeit waren.

Nur das diese Federbüsche hatten, jene lediglich silberne Schnüre in den Spitzen. Der König saß allein im Wagen, kaum sichtbar, hinter dem gegen Regen und Wind schützenden Ledervorhang, und doch ging es wie ein elektrischer Schlag durch die Vorübergehenden, wenn sie den gelben Wagen sahen. Es war ja der König, der darinnen saß, das vergaß niemand. Zwar gab es auch damals Unzufriedene, es wurde von versagter Konstitution gesprochen, von diesem und jenem, was anders sein sollte, aber daß bei Lebzeiten des alten Herren etwas geändert werden könnte oder sollte, daran dachte im Ernst niemand. Der König war eine geheiligte Person, sich gegen ihn auflehnen, schien eine unfaßbare Idee.

So ging denn auch im Jahre 1830 die Erregung, welche von dem revolutionären Paris ausstrahlte, bald vorüber, aber in das friedliche Berlin klang es freilich schon Entsetzen erregend hinein, daß Unter den Linden und im Luftgarten einige wildtobende Rotten zusammengetreten waren und schreiend und johlend weiterziehen wollten. Wohin und weshalb? – Das wußten sie selbst nicht, und da gelang es der Polizei bald, ohne blutige Eingriffe die lärmenden Haufen zu zerstreuen. Ich erinnere mich aus jener Zeit, die allerdings vor meinem Eintritt in die Familie Langenn-Steinkeller liegt, daß ich als 15-jähriges Mädchen vom Fenster unserer Wohnung in der Friedrichstraße vis-à-vis der Kaserne des 2. Garderegiments nicht ohne Herzklopfen die Bataillone unter dumpfem Trommelwirbel ausrücken sah; sie kehrten aber nach wenigen Stunden mit klingendem Spiel zurück.

An drei Tagen wiederholten sich die Aufruhrszenen, dann waren die Rädelsführer verhaftet und alles atmete wie vorher Ruhe und Stille.

Die Polizeisergeanten trugen dunkelblaue Röcke mit karmoisinroten Kragen und gelben, Adler-geschmückten Knöpfen. Über die Uniform kam ein großer Wachstaffetmantel, wenn sie den Transport eines Cholerakranken oder -Toten zu leiten hatten. Die Cholera erregte damals die ganze Bevölkerung von Berlin in einem Maße, daß schon dadurch jede revolutionäre Idee erstickt wurde. Man holte die Kranken, gleichviel ob reich oder arm, aus ihren Häusern ab. In mit Wachstuch bezogenen Körben wurden sie durch die Straßen getragen. Die Träger waren ebenfalls in Wachstuch gekleidet, von dem Gedanken geleitet, daß hierdurch die Ansteckungsgefahr vermindert würde. Voran ging der Polizeisergeant, der, mächtig klingelnd, alle Passanten mahnte, fern zu bleiben.

Im Herbst des Jahres 1831 kam die Kunde, Frankreichs vertriebene Königsfamilie würde bei ihrer Übersiedelung von Frankreich nach Frohsdorf, bei Wien, die Nacht in Spandau zubringen. Es waren Karl X.; sein Sohn, der Herzog von Angoulême und sein Enkel, der letzte der königlichen Bourbonen, Heinrich, Herzog von Bordeaux, der spätere Graf Chambord. Da Preußen Louis Philipp anerkannt hatte, konnten diese vertriebenen Fürsten nicht in Berlin aufgenommen werden, und so war Spandau als Aufenthalt gewählt.

Halb Berlin machte sich dahin auf.

Da wir mit vielen Offizieren der Artillerie befreundet waren, durften wir vielleicht hoffen, die Reisenden zu sehen, und fuhren, eine heitere Gesellschaft, unter militärischem Schutz nach Spandau.

Die Straße vor dem Gasthof stand dichtgedrängt voll Menschen, denen aber nur vergönnt war, die erleuchteten Fenster und vielleicht den Schatten eines Vorübergehenden zu erblicken.

Uns führte unsere militärische Begleitung wenigstens in das Gasthaus hinein, daß nach jetzigen Begriffen wohl kein Hotel genannt werden konnte.

Wir sahen im Hof die schweren Reisewagen und kamen an ihnen vorüber eine Hintertreppe hinauf und in den Flur vor dem Zimmer, in dem die Herrschaften speisten. Vor der Tür stand unter anderen, durch Dienst herbeigezogenen Herren, auch der Landrat des Osthavelländischen Kreises, Herr von Hobe. Er kannte meine Mutter und richtete es ein, daß wir, durch eine Seitentür eintretend, durch eine andere wieder hinausgehend, so – im Gänsemarsch vorbei defilierend, die Herrschaften sehen konnten, die am anderen Ende des Saales speisten. Sie saßen an einem durch Wachskerzen erhellten Tisch. So waren sie für uns beleuchtet, indes wir in dem dunklen Hintergrunde des Saales kaum gesehen wurden.

Karl X., ein magerer, blasser Mann, mit gepudertem weißen Haar, saß mit dem Gesicht zu uns hingekehrt. Er trug einen roten Samtrock mit Stickerei. Ebenso gekleidet war der Herzog von Angoulême; dieser und der 11-jährige Herzog von Bordeaux, standen zu beiden Seiten des Königs und wir konnten sie genau sehen. Sie unterhielten sich ruhig, und man bemerkte an ihrem Wesen nichts von dem, was wohl ihre Herzen bewegte.

Karl X., der als Graf von Artois noch die glänzenden Zeiten unter Ludwig XV. gesehen, die fröhlichen Feste mit Marie Antoinette gefeiert hatte, – nun vertrieben in dem dürftigen Gasthaus des kleinen Städtchens, unfern der Residenzstadt des Königs von Preußen, die ihm ihre Tore ungastlich verschließen mußte.

Ebenso der Herzog von Angoulême, der, wie sein Vater, die Freudenfeste vor der Revolution und dann die Schrecknisse derselben gesehen hatte.

Was mochte durch diese Herzen ziehen!

Und der junge Herzog! Dachte er noch an Thron und Krone, die er einst erben sollte, oder sagten ihm dunkle Ahnungen, daß sein Leben tatenlos am österreichischen Kaiserhof verfließen würde?

Wir gingen, ernster gestimmt durch den Blick auf die so schwer heimgesuchten Fürsten, fort und traten, beneidet von der draußen stehenden Menge den Rückweg aus dem Gasthaus und von da nach Berlin an.

Doch zurück zu König Friedrich Wilhelm III.

Das verschlossene Wesen, man kann wohl sagen, eine ungelenke Schüchternheit, die ihm eigen war, und durch die selbst der Geschäftsgang bisweilen erschwert wurde, hatten ihren Grund in seiner traurigen

Kindheit und Jugend, die ihm ohne elterliche Liebe, unter der Leitung unfähiger Lehrer und Erzieher, trübe verflossen waren.

Die Ehe- und Liebesverhältnisse Friedrich Wilhelms II. sind bekannt, doch trug er an der Scheidung von seiner ersten Gemahlin, Prinzessin Elisabeth von Braunschweig, nicht die Schuld. Sie wurde nach Stettin verbannt und starb daselbst erst in den 30er Jahren.

Der spätere Generallandschaftsdirektor von Köller, ein Bruder der Frau v. Langenn-Steinkeller, verkehrte häufig bei ihr und erzählte von ihrem originellen, oft recht drastischen Wesen folgenden Zug. Er und seine sehr hübsche Frau, eine geborene von Wedel, wurden von der Prinzeß öfters zur Tafel geladen. Frau von Köller erschien, wie bei Hofe üblich, im ausgeschnittenem Kleide. Die Prinzeß, die selbst hübsch gewesen, aber immer einen häßlichen Hals gehabt hatte, sah noch im Alter mit Neid auf den schönen Hals einer Jüngeren. Alle Leute duzend, sagte sie zu Herrn v. Köller: „Du hast eine hübsche Frau, aber so nackig ließe ich sie nicht gehen!"

Beim Diner saßen hinter dem Stuhl der Prinzeß immer 2 Hunde. Sie warf diesen über die Schulter weg Bratenstücke und andere Leckerbissen zu, weder zur Freude ihrer Nachbarinnen, noch zum Vorteil für deren Toiletten.

Fürst Putbus, der ebenfalls öfter bei ihr zur Tafel befohlen war, erhielt einst im Anschluß an eine Einladung, einige Briefe von ihr zur Besorgung – eine Gefälligkeit, die wegen des langwierigen Ganges der Posten öfters erbeten wurde. Unter diesen Briefen befand sich auch einer an den König Friedrich Wilhelm III.

Am Tage, nachdem der Fürst dieses Schreiben abgegeben hatte, fragte der Kronprinz den Überbringer lachend, ob er wohl wüßte, was seine „verfehlte Großmutter", wie er die alte Prinzessin zu nennen pflegte, geschrieben habe.

Auf Putbus' Verneinung eröffnete ihm der Kronprinz mit vielem Vergnügen, der Brief habe gelautet: „Putbus hat so viel Austern bei mir gefressen und so viel Champagner gesoffen, daß ich um Zulage bitten muß."

Die bekannte Gräfin Lichtenau geb. Enke, Frau des Kämmerers Ritz und Maitresse des Königs, erhielt von diesem als Geschenk das Gut Lichtenow, in der Nachbarschaft von Birkholz gelegen. Dort wohnte nach ihrem Tode ihr Sohn Ritz; er führte den geistlich klingenden Namen „Kanonikus", war aber ein düstrer, verschlossener Mann und nichts weniger als geistlich gesonnen. Seine drei Töchter habe ich gekannt – diese hatten die Schönheit der Großmutter geerbt, vor allem die zweite, Alexe, eine junonische Gestalt, deren blaue Augen, wundervolle Farben und ebenmäßige Züge es begreiflich machten, daß viele Herren unserer Bekanntschaft ihr zu Füßen lagen. Sie verlobte sich in Karlsbad mit einem, *soit disant*, sehr reichen Wiener Kaufmann, kehrte aber bald als geschiedene Frau in das Haus ihres Bruders zurück. Dieser hatte Lichtenow geerbt und wurde vom König Friedrich Wilhelm IV. unter dem Namen „Ritz Lichtenow" in den Adelstand erhoben.

Sympathischer als diese Schönheit war die ältere Schwester Helene, kleiner und schlanker als Alexe, mit dunklem Haar und dunklen Augen; ihr ganzes Wesen atmete, neben großer, äußerer Lieblichkeit, eine tiefe Herzenswärme. In ihrer Jugend nicht frei von der überspannten Schwärmerei jener Zeit, klärte sich ihr Wesen später zu aufrichtiger Frömmigkeit ab; sie hat hierin auf die ganze Gegend einen wohltätigen Einfluß gehabt. Sie verheiratete sich nacheinander an zwei Brüder von Knobelsdorf-Brenkenhoff, und ihre Nachkommen leben noch heute auf dem väterlichen Gute Mansfelde.

Abgesehen von der vortrefflichen Frau hat kein Segen über der Familie Ritz gewaltet. Auch der Sohn des Königs und der Gräfin Lichtenau, der junge Graf Friedrich Wilhelm von der Mark, starb im blühenden Alter. Unter den vielen Kunstschätzen in Lichtenow wird eine schöne Marmorkopie seines in der Dorotheenstädtischen Kirche in Berlin befindlichen Grabdenkmals aufbewahrt.

Auch viele Bilder der Gräfin sind dort, aber das schönste, sie in üppiger Schönheit im Jagdkostüm darstellend, sah ich bei ihrer ehemaligen Gesellschafterin, einem alten Fräulein von Treuenfels in Köpenick.

Das andere Kind des Königs und der Gräfin Lichtenau, Gräfin Marianne von der Mark, hat ein wechselvolles, unglückliches Leben geführt. Zuerst mit Graf Stolberg-Stolberg vermählt, heiratete sie in zweiter Ehe einen Polen, von Miaskowski, ließ sich aber bald scheiden und schloß eine dritte Ehe mit einem Franzosen, de Thierry; im Jahre 1814 ist sie in Paris gestorben.

Das sittenlose Treiben seines königlichen Vaters wirkte für Friedrich Wilhelm III. als abschreckendes Beispiel. Er erhielt sein Leben rein und seine beiden glücklichen Ehen waren dem Volke ein leuchtendes Beispiel.

Welch verworrene Ansichten herrschten damals in der Allgemeinheit über die Ehe! Selbst noch in der weiteren königlichen Familie. Die ganze rationalistische Richtung jener Zeit war solcher laxen Auffassung günstig, und so erregte auch unter Friedrich Wilhelm III. Regierung dessen Vetter, Prinz August, der zur linken Hand mit zwei Frauen öffentlich getraut war, kein Ärgernis.

Nach den Gesetzen des königlichen Hauses durfte dieser Prinz keine ebenbürtige Ehe schließen, um dem Lande nicht den Aufwand so vieler Hofhaltungen aufzubürden. Die erste Frau, unter dem Namen Frau von Waldenburg, geb. Wichmann, bekannt, hatte jenes Haus am Pariser Platz inne, wo später der Feldmarschall Wrangel wohnte; die andre, Frau von Prillwitz, geb. Arndt, daß Eckhaus der Leipzigerstraße mit dem Leipziger Platz, jetzt „Wertheim". Die letztere war Jüdin, aber dabei eine vollendet schöne Blondine.

Meine Eltern hatten die Parterrewohnung in demselben Hause gemietet, als der Prinz es kaufte. Ich habe ihn mit dieser Gemahlin und deren ältesten Tochter in unserem Garten gesehen. Wir hatten dort, wie damals allgemein üblich, Wäsche aufgehängt, und ich spielte dabei umher.

Es war der erste wirkliche Prinz, den ich sah, und seine stattliche Erscheinung erregte mein lebhaftes kindliches Interesse, ebenso die schöne Frau, die er führte. Noch heute steht mir das Bild vor Augen: ihr blauer

Sammetpelz, mit dem breiten Zobelbesatz, und der rote Mantel des mir gleichaltrigen Kindes mochten wohl den Nimbus der Erscheinung noch erhöhen. War doch bis dahin mein Tuchüberrock mir ein imponierender Luxusartikel gewesen, und nun trug dies Kind roten Sammet!

Einige originelle Gestalten aus dem damaligen Berliner Leben sind mir noch lebhaft in Erinnerung geblieben. Da ist zuerst ein alter Oberst-leutnant von Tresckow, der sich als Garde du Corps durch eine obskure Heirat mit einer Choristin unmöglich gemacht hatte; in seinem blauen Frack und sandfarbenen Hosen war er zu allen Tages und Jahreszeiten in Berlin auf der Straße zu sehen. Ein hoher, weißer Filzzylinder, graues, struppiges Haar und ein rotes Gesicht vervollständigten das Eigen-tümliche der Erscheinung und niemand war im Zweifel, welche Farbe der König im Sinn hatte, als er einst bestimmte, daß sein Palais „wie Tresckows Hosen" angestrichen werden solle. Vielfach auf Bildern sei-ner Zeit dargestellt, befindet sich das Porträt dieses braven alten Herren auf dem bekannten Krügerschen Gemälde der großen Parade vor Kaiser Nikolaus, ganz im Vordergrunde, und zwar auf besonderen Wunsch des Königs.

Auch die obenerwähnten Pariser Hüte der beiden Fräulein Stich, samt ihren Trägerinnen befinden sich in der Zuschauermenge und sind so der Nachwelt aufbewahrt, desgleichen die Mutter, die Schauspielerin Frau Crelinger.

Eine andere, sehr bekannte Persönlichkeit, die auch der Aufmerksam-keit des Königs nicht entging, war die bereits erwähnte Madame Duti-ter, eine höchst achtbare, wohlhabende und wohltätige Frau, die zwar überall beliebt war, indessen die Lachlust reizte durch die Naivität, mit der sie ihren gänzlichen Mangel von Bildung wirken ließ. Durch die Verheiratung ihrer beiden, sehr hübschen Töchter mit Herren der Ge-sellschaft, gelangte auch sie in diese Zirkel, wenngleich nicht immer zu besonderem Entzücken der Schwiegersöhne.

Einst, auf einer Soiree, wurde ihr zu einer Partie Whist ein Pair von Frankreich als Partner vorgestellt; diesen ermunterte sie, da er beim

Spiel einen Augenblick sich besinnend, zögerte, mit den freundlichen Worten: „Na Papachen, spielen Sie man aus!" Der Hausherr, ihr Schwiegersohn, starr vor Entsetzen, flüstert ihr zu: „Mutterchen, so dürfen Sie den Herren nicht anreden." Gutmütig beschwichtigend sagt sie: „I, mein Sohn, so ville Französisch versteh' ich doch och noch, um zu wissen, daß Pair und Papa eins is."

Sie selbst sah auch große Gesellschaften bei sich, und, um die Damen nicht irre zu führen, wohin sie sich zum Ablegen von Mänteln zu wenden hatten, prangte an einer Tür der Anschlag: „Hier werden den Damen die Röcke aufgehoben!"

„Liebe Macbetten, Sie drippen," rief Frau Dutiter vom ersten Rang des Schauspielhauses der berühmten Crelinger zu, als diese, in der Wahnsinnsszene mit etwas schief gehaltener Öllampe über die Bühne schritt.

In den fliegenden Blättern jener Tage wurde sie verewigt, wie sie, vor einem wild gewordenen Ochsen entfliehend, in einen Laden stürzt mit dem Ausruf: „Verzeihen Sie, hier kommt ein Ochse!"

„Sie glauben gar nicht, wie fein meine Tochter eingerichtet ist", erzählte Madame Dutiter einer Freundin. „In der Küche sind sogar die kupfernen Kessel alle von Gold."

Viele solcher Äußerungen von ihr gingen von Mund zu Mund, und jeder sagte, wenn auch lachend: „Sie ist doch gut!" Die alte Dame, die in bezug auf gutes Herz und edle Gesinnung niemandem nachstand, liebte die Bildungsversuche, die ihre Schwiegersöhne mit ihr anstellen wollten, durchaus nicht. Aus Gutmütigkeit ließ sie sich die stete Begleitung einer, schon ziemlich bejahrten älteren Jungfrau gefallen und hörte deren immer wiederholte Korrekturen ihrer Sprechweise an, zwar, ohne denselben Folge zu geben, doch auch ohne sich zu Ungeduld oder unfreundlichen Äußerungen hinreißen zu lassen. Dies kam wenigstens sehr selten vor. Eines Tages erzählte Frau Dutiter sehr eifrig, wie sie auf der Straße einer Bekannten gefolgt sei. „Ich sah ihr" („sie" schaltete das Fräulein ein) „und lofte" („lief" erklang die Verbesserung) „lofte",

92

sagte Frau Dutiter und wieder ertönte es „lief“. „So mußte ich lofen und lofen und lofen, aber umsonst“ „Laufen, laufen,“ rief die Unermüdliche. „Na,“ sagte Frau Dutiter, „ick will Ihnen mal wat sagen, mir loften sie, als ich jung war, alle nach, und Sie laufen nu schon, Jott weiß wie lange, un kriegen duhn Sie doch keenen.“ Einmal war sie in einer Gesellschaft, in der sich auch Friedrich Wilhelm III., damals noch Kronprinz, befand. Dieser mochte die originelle Frau gern und suchte sie gewöhnlich bald auf. Einst aber merkte er, wie sie geflissentlich seine Nähe suchte, in der unverhohlenen Absicht, von ihm angeredet zu werden.

Es machte dem Prinzen Spaß, diese, wahrscheinlich nicht mit besonderer Grazie ausgeführten Versuche zu sehen, und so ließ er sie lange unbeachtet. Endlich aber trat er ihr näher und sagte: „Ah Madame Dutiter, da sehe ich Sie ja auch. Sie waren in Rom, wie ich höre.“ „Jawoll, Königliche Hoheit, det war ick.“ „Da haben Sie wohl auch den Papst gesehen?“ „Na, jeweß, Königliche Hoheit, un der Mann war so höflich zu mir, er redete mir jleich an, tat jar nich erst, als sähe er mir nich, un dann rief er die Frau Päpstin, un die kam mit alle die kleinen Päpstekens! Det war janz anders, wie hier, wo die Leute oft so tun, als wenn se Enen nich kennen.“

Natürlich war das eine Quelle des Vergnügens für den scherzliebenden Fürsten. Vorhin sprach ich von der großen Verehrung, die Friedrich Wilhelm III. genoß. Diese zeigte sich besonders, als in den Pfingsttagen des Jahres 1840 der Tod den ernsten, stillen König abrief. Eine tiefe Trauer ging durch das ganze Land.

Friedrich Wilhelm IV. trat die Regierung an.

Der Vater war schweigsam, sprach in kurzen, abgebrochenen Sätzen nur das Notwendigste. Der Sohn war ein begabter Redner und nutzte diese Gabe im weitesten Sinne des Wortes aus. Alles war begeistert, man träumte von einem goldenen Zeitalter.

Die Einfachheit verschwand aus dem königlichen Haushalt, und die glänzende Hofhaltung des jungen Paares brachte den Handwerkern Arbeit, die prächtige Kleidung der königlichen Dienerschaft zog die Augen der Menge auf sich. Der König fuhr stets im vierspännigen Wagen, die Königin oft mit sechs stattlichen Schimmeln. Es war ein anderes Leben, und nun, daß lag ja auf der Hand, mußten alle Wünsche, berechtigte und unberechtigte, erfüllt werden. Die Änderungen im Kleinen ließen auch solche im Großen erhoffen.

Gegen Ende des Sommers, nachdem die Zeit der tiefen Trauer vorüber war, reiste das Königspaar zur Huldigung nach Königsberg.

Wir waren damals wieder in Birkholz. Die Berlin-Königsberger Chaussee, die durch das nahegelegene Friedeberg führte, war tagelang durch königliche Wagen belebt, die Hofbeamte hohen und niederen Ranges, sowie das zahlreiche Gepäck beförderten. Endlich kam das Königspaar. Nicht nur Menschen standen bereit, es beim Vorbeifahren zu begrüßen, nein, es waren, um der Gegend einen belebteren Anstrich zu geben auch Viehherden in der Nähe der königlichen Fahrstraße zusammengetrieben, unter ihnen auch – aus speziellen Wunsch des Landrates, die Birkholzer Herden. Die ganze Familie Langenn, und ich mit ihr, hatten sich natürlich am bestimmten Tage an der Chaussee eingefunden. Der herrschaftliche Wagen rollte heran, alles stand erwartungsvoll und zu ehrerbietigem Gruße bereit – aber – die kleinen Gardinen an den Fenstern waren zugezogen, und das Königspaar fuhr schlafend an uns vorüber, beglückte weder Menschen noch Vieh durch seinen Anblick!

Das war wohl eine der ersten Enttäuschungen über das neue Regiment.

Von Königsberg brachten die Zeitungen bald Beschreibungen der Feier, sowie Berichte über die Reden des Königs, die überall Begeisterung weckten.

Es folgte dann bald die Huldigung in Berlin, die am 15. Oktober, dem Geburtstage des Königs, stattfand. Man mußte sich erst daran gewöhnen, nicht mehr im Sonnenglanz des Sommers Königs Geburtstag zu feiern, sondern unter herbstlichem Himmel.

Nicht jedem ist das leicht geworden. Ich kannte eine liebe alte Dame, die sich, Tränen in den Augen über die neue Zeit beschwerte, die ihr nicht mehr erlauben wolle, wie sie dies doch seit 43 Jahren in treuem

Patriotismus getan, ihres Königs Geburtstag am 3. August zu feiern. Sie sagte: „es wird auch alles anders – nun soll mit einem mal Königs Geburtstag statt im Sommer, am 15. Oktober sein!"

Aber wahr blieb es doch, der König war am 15. Oktober geboren, und Berlin rüstete sich zur glänzenden Feier der Tages. Von nah und fern eilten die Herren der Landstände herbei. Manche alte Uniform wurde hervorgeholt, auch wohl, wenn Motten und Alter daran genagt, eiligst eine neue bestellt. Herr von Langenn wollte es sich trotz seines herannahenden Alters nicht nehmen lassen, persönlich dem jungen Herrscher zu huldigen, und so war auch zu Birkholz alles in reger Vorbereitung. Endlich wurde die alte Staatskutsche hervorgeholt, die Familie hineingepackt, und wir fuhren davon. Bis Landsberg ging's mit den eigenen Pferden. Dort wurden diese gegen Postpferde vertauscht, um die Fahrt zu beschleunigen.

In Berlin ankommend sahen wir noch die Ehrenpforten, durch die das Königspaar, bei der Rückkehr aus Königsberg, seinen Einzug gehalten hatte. Die Fahnen und Girlanden waren zwar durch viel Regen etwas verwittert, aber uns stimmte auch der verblichene Glanz noch feierlich, und wir dachten begeistert dessen, das noch kommen sollte.

Der 15. Oktober brach an. Trübe, wie die vorhergehenden Tage, aber es regnete doch nicht. Vor dem Schloß, nach dem Lustgarten zu, waren Tribünen erbaut, aus denen die Landstände Platz genommen hatten. An das erste Stockwerk des Schlosses hatte man einen terrassenartigen Vorbau angefügt und leuchtend rot drapiert.

Hier erschien der König, im Krönungsornate mit seiner Gemahlin, gefolgt von all den übrigen Fürstlichkeiten.

Dichtgedrängt stand die Menge auf dem Platz. Auf der Treppe und in der Säulenhalle des Museums waren gleichfalls Tribünen erbaut und für die Damen der Landstände reserviert. Obgleich ich mich keines Fleckes Landes rühmen konnte, gehörte ich, durch Herrn von Langenns Güte zu den Bevorzugten dieses Standes, was ich um so dankbarer empfand, da ich einen Platz in der Säulenhalle hatte, also geschützt vor dem Regen war, der jetzt einsetzte.

Nachdem der König eine lange, oft von donnerndem Hoch unterbrochene Rede gehalten hatte, von der wir Damen natürlich nichts hörten, trat er in das Schloß zurück, und bald darauf führte ein Zug glänzender Equipagen sämtliche Fürstlichkeiten in den Dom. Die Wagen nahmen dabei ihren Weg über eine, vom Schloßportal bis zur Dompforte reichende, brückenartige Erhöhung, deren Geländer ebenfalls mit rotem Tuch bekleidet waren.

Leider zog sich die kirchliche Feier sehr in die Länge, was das draußen harrende Publikum um so mehr empfand, als der Regen immer stärker und stärker herniederrieselte. Endlich verkündeten Kanonenschüsse das Ende der Feier, und die Erschütterung, die dadurch in der Luft entstand, verursachte sogar für eine kurze Zeit eine Teilung der Wolken, so daß der königliche Zug unter lichterem Himmel ins Schloß zurückkehrte.

Der König trat noch einmal heraus, und bei seinem Anblick sang alles „Nun danket alle Gott" unter Begleitung eines militärischen Musikkorps, das auf dem Dache des Schlosses seinen Platz gefunden hatte. Dann endete die Feier unter erneutem Hurrarufen der Menge.

Am Abend war die Stadt glänzend illuminiert. Nach heutigen Begriffen freilich dürftig genug, denn wo jetzt tausend Gasflämmchen glühen würden, hatte man kleine, buntfarbige gläserne Öllämpchen an Drähten befestigt, die die verschiedensten Figuren bildeten. An den Kuppeln der Kirchen auf dem Gendarmenmarkt folgten diese Drähte der Architektur, was einen besonders hübschen Anblick bot. Ebenso an den Fenstern des Zeughauses. Privatwohnungen waren bescheiden mit Kerzen an den Fenstern erleuchtet.

Das Ganze bot indessen der trotz des Regens in den Straßen hin- und herwogenden Menge ein befriedigendes Bild. Besonders hübsch nahm sich die Halle des Museums aus, vor dessen Front eine große Borussia in vielfarbigem bengalischen Licht erstrahlte. Jeder Wechsel in dieser farbigen Beleuchtung, dem immer ein Moment der Dunkelheit vorausging, wurde mit Jubel begrüßt.

Begeisterung und Hurrarufen folgte dem Wagen des Königspaares, als dieser, aus dem Schlosse kommend, die Hauptstraßen durchfuhr, um die Herrschaften den Glanz der Hauptstadt bewundern zu lassen.

Am Huldigungstage waren die Landstände des Königs Gäste. Wenige Tage darauf gaben sie in den Räumen des Opernhauses ein Abendfest mit Tanz, und dann kehrte alles heim, voll Freude über das, was die festlichen Tage geboten und voll Hoffnung für die Zukunft.

An diese Zeit und ihren Jubel habe ich oft zurückdenken müssen in den traurigen Tagen des Jahres 1848. Noch nicht acht Jahre waren verflossen, da hörte man, statt der begeisterten Hurrarufe um das Schloß, das Knattern des Gewehrfeuers der Truppen und das Toben der Empörer auf dem Schloßplatz.

Aus dem Jahre 1848

Nachdem meine Aufgabe in Birkholz insoweit gelöst war, daß nur noch die jüngste Tochter, Lili, des Unterrichts bedurfte, verließ ich in ihrer Begleitung im Herbst 1846 das mir so lieb gewordene Birkholz und brachte das Kind nach dem Pensionat des Fräulein Weiß in Berlin, in dem ich zugleich als Erzieherin angestellt wurde. Fräulein Weiß bewohnte ein Haus am Leipziger Platz; eine große Schar junger Mädchen befand sich dort. Schon in der Not des strengen Winters 1847 warf das kommende Jahr seine Schatten voraus; wie natürlich war es, daß auch die jugendlichen Gemüter von diesen Ereignissen bewegt wurden. So beschlossen die jungen Mädchen, des Morgens zum Kaffee ihre Semmeln nicht zu essen, sondern sie auf den Spaziergängen an hungernde Kinder zu verteilen. Es fanden sich auch Kinder genug, ob immer hungernde, das sei dahingestellt. Jedenfalls wurde bald das Eine klar, daß nämlich die Tischgenossen mehr als hungrig zum Mittagessen kamen, und da machte Fräulein Weiß der freigebigen Semmelverteilung ein gerechtes Ende.

Einige der jungen Mädchen hatten sich später in eine Schwärmerei für die im Gefängnis sitzenden polnischen Anführer eingelebt. Mieroslawsky war ihr Held! Wie dieser, als Rebell gegen die Staatsgewalt, zum Tode verurteilt wurde, da zerfloß Eva von Zitzewitz, die Aufgeregteste der Aufgeregten, in Tränen.

Nun kamen die Märztage 1848, und bald wurde Mieroslawsky aus dem Gefängnis in Moabit durch die Märzhelden befreit. Ein Pöbelhaufe trug ihn, der des Todes wartete, im Triumph mit seinen Genossen in die Stadt. Der Zug ging durch das Luisentor, die Luisen- und Neue Wilhelmstraße die Linden entlang. Wo er endete, wo das Volk die teure Last absetzte, weiß ich nicht mehr, auch nicht, ob der Haufe sich dem König zeigte.

Das Tor, die Straße, die den allem Volk so vertrauten Namen der geliebten Königin trug, mußten diesen Schimpf sehen!

Mieroslawsky hielt noch einige wüste Reden, erachtete es dann aber doch für geraten, Berlin von seiner Gegenwart zu befreien.

Eva jubelte, daß er gerettet sei, fand jedoch wenig Sympathie unter ihren Gefährtinnen, die mehr oder minder schon verstanden, daß Volkes Stimme hier nicht Gottes Stimme war.

Dies trug sich aber erst nach den eigentlichen Märztagen zu, die nicht so unerwartet hereinbrachen, wie manche glauben. Durch Wochen schon sah und hörte man das unruhige Treiben auf allen Straßen und sah fremde, düstere Gestalten auftauchen. Unruhe und Sorge bewegte die Gemüter, wenn schon das wunderschöne Frühlingswetter die Menge wie gewöhnlich auf die Straßen und in den Tiergarten lockte. Man glaubte an Aufregung, an Störung der Ruhe, aber an wirkliche Schreckensszenen dachte niemand. Oft wurde, wenn die Nachrichten aus Paris kamen, die Äußerung laut: „Bei uns kann dergleichen nicht geschehen."

Am 15., 16. und 17. März hörte man viel von Unruhen in der Stadt, von Zusammenrottungen am Schloß und im Lustgarten.

So brach der 18. an, ein Sonnabend, dessen klarer Sonnenschein Schreckliches beleuchten sollte.

Bei uns stand die Einsegnung einiger junger Mädchen bevor, und Fräulein Weiß ging mit ihnen in die Stadt, um die für diese Feier nötigen schwarzen Seidenkleider zu kaufen. Sie kamen nach zwei Stunden voll Freude zurück: am Lustgarten hatten sie eine jubelnde Volksmenge gesehen und nur Freudengeschrei gehört – hatte doch der König alles bewilligt, was das Volk verlangte.

Da, es war 3 Uhr, erscholl Geläut von der Dreifaltigkeitskirche. „Sie läuten zur Vorbereitung zum morgigen Abendmahl," hieß es, obgleich es anders klang, als sonst; als nun bald darauf die Glocken der weiteren Kirchen einfielen, da konnte man nicht mehr zweifeln: „es zerrte an der Glocke Strang," es war Sturmgeläut, das mit banger Klage über die Stadt hinzog.

Zwei Fräulein von Steinmetz, die mit in unserem Hause wohnten, kehrten entsetzt vom Lustgarten zurück, wo sie noch länger geweilt hatten und erzählten voller Schrecken von dem Ausbruch der Empörung.

100

Bald darauf hörten wir auch Schießen; erst das Knattern des Kleingewehrfeuers, dann Kanonendonner.

Fassungsloses Entsetzen ergriff die Schar der jungen Mädchen; auch Fräulein Weiß hatte vollständig den Kopf verloren.

Da hieß es, sich zusammennehmen, das bebende Herz und die zitternden Glieder zur Ruhe zwingen und andere beruhigen, wo man selber zagte. Eine um so schwerere Aufgabe für mich, als das Herz um mehr als ein teures Leben da draußen bangte. Es waren furchtbare Stunden.

Auf unsern Portier, das Faktotum, sah Fräulein Weiß hoffend als die einzige männliche Stütze des Hauses; wo fand ich ihn, als ich bestellen wollte, das Haus fester als sonst zu verschließen? kniend unter der kleinen Treppe, die in seine Souterrainwohnung führte! er erklärte, er ginge nicht aus seiner Stube heraus, und es hielt schwer, ihn zu bewegen in meiner Begleitung noch einen besonderen Riegel vor die Tür zu schieben.

Auf dem Leipziger Platz war alles still, es ging dort kaum ein Mensch vorüber. Aber von den nach dem Garten zu gelegenen Wohnzimmern, vor allem von dem großen Balkon des Schul- und Eßzimmers aus, hörte man deutlich das Schießen.

Durch den Garten des Voßschen Palais, in den wir hineinsehen konnten, gingen königliche Lakaien mit Koffern; es waren Diener des Prinzen Karl, die dessen Sachen nach der Königgrätzer, damals noch Hirschelstraße genannt, trugen und dort auf Wagen verluden. Später, als es dunkelte, haben die Prinzlichen Herrschaften selbst diesen Weg eingeschlagen; ob auch Prinz und Prinzeß von Preußen, wie es hieß, will ich nicht verbürgen.

Das Schießen dauerte fort. Der Mond ging hell und klar am wolkenlosen Himmel auf und beschien den Leipziger Platz, der in tiefstem Frieden dalag.

Vor dem Potsdamer Tor sah man ein Infanterieregiment lagern, das für den Notfall einrücken sollte. Es war durch den damals üblichen, freilich noch sehr unbeholfenen Zeichentelegraphen einberufen. Die

101

Sache wurde wie folgt gehandhabt: auf dem Dache des Gardedukorps-Stalles in der Charlottenstraße, nahe den Linden, war ein hoher Balken ausgerichtet, an dem bewegliche Arme befestigt waren; durch Auf- und Niederziehen derselben wurden der nächsten Station, soviel ich mich erinnere Zehlendorf, Zeichen gegeben, die mittels eines Fernrohrs abgelesen und dann in derselben Weise bis Köln weitergegeben wurden.

Bei einbrechender Dunkelheit sahen wir von der Gartenseite aus in der Ferne hohe Feuersäulen aufsteigen. Wie wir später hörten, waren es die Gebäude der Eisengießerei am Neuen Tore und die Artillerielaboratorien, in denen viel Munition lagerte. Zum Glück konnte dem Brande Einhalt getan werden, ehe die Pulvervorräte ergriffen wurden; unermeßliches Unglück gelang es dadurch abzuwenden.

Die Nacht, welche diesem Tage folgte, war schauerlich. Der wüste Lärm, den man von ferne hörte, und durch den die Phantasie zu grausen, die Wirklichkeit weit übertreffenden Bildern, angeregt wurde; die lodernden Flammen, von denen man nicht wußte, was sie verbrannten und wieweit sie sich ausdehnen würden; der Gedanke der Schutzlosigkeit mit so vielen fremden, anvertrauten Kindern – das alles war wahrlich dazu angetan, den Mut sinken zu lassen.

Je mehr die Nachtstunden vorrückten, um so mehr überwältigte der Schlaf eins der jungen Mädchen nach dem anderen, und bald schnarchten alle in ihren Kleidern auf der Diele ausgestreckt.

In furchtbarer Aufregung gingen Fräulein Weiß und ich bald in die vorderen Stuben, um zu sehen, ob die Soldaten am Tor noch ruhig lagerten, bald auf den Balkon, um festzustellen, wieweit die Feuersbrunst sich ausdehnte. Bebend vor Frost und innerer Erregung, hörten wir endlich das Abnehmen der Unruhe draußen und als der Morgen eben dämmerte, brachten wir die jungen Mädchen zu Bett und legten uns selbst nieder.

Schlafen glaubte ich nicht zu können, aber ich war geistig und körperlich so erschöpft, daß ich nicht mehr denken oder fürchten konnte und nur den einen Wunsch hatte, die erstarrten Glieder, ich möchte sagen, das erstarrte Herz, zu erwärmen. Schließlich war ich doch wohl eingeschlafen. Da weckte mich die nicht eben melodische Stimme der Frau Platen. Es war dies die Waschfrau die, wie alle Sonntag, die Wäsche brachte. Sie war pflichttreu durch alle Hindernisse, die sie grauenerregend schilderte, hindurch gedrungen, und obgleich damals Millionen noch nicht wie heute ein landläufiger Begriff waren, endete ihr schrecklicher Bericht mit den Worten: „An die Million Doter liegen uf der Straße." Mein Bruder, der als Einjährig-Freiwilliger beim 2. Garderegiment diente, benutzte gegen Mittag einen freien Augenblick, mir Nachricht zu geben und milderte dabei Frau Platens Bericht, indem er diverse Nullen ihrer Million strich.

Ein trostloser Anblick war es, als wir gegen Mittag ein Regiment Infanterie zum Tor hinaus marschieren sahen. Ohne Sang und Klang zogen die Soldaten fort. Eine Volksschar strömte hinterher und kehrte, als der letzte Mann zum Tor hinaus war, johlend und schreiend zurück.

Der Sonntag verlief im Übrigen ruhig. Am Montag kam die, eine Panik verbreitende Nachricht über den Einfall der Russen, aber da lag ich schon krank, mit so heftigem Fieber, daß unser Geheimrat v. Arnim ein Nervenfieber im Anzuge glaubte.

Nach acht Tagen erst durfte ich aufstehen und dann bald auch wieder ausgehen. Da waren die Barrikaden schon fortgeräumt und die Straßen ruhiger als vor dem 18. Auch in unseren Räumen sah es still aus. Viele der jungen Mädchen waren von ihren Anverwandten abgeholt worden und kehrten erst Ende April, nach dem Osterfest, zurück.

Vorher war noch die Einsegnung, die für die Weißschen Pensionärinnen bei dem Religionslehrer der Anstalt, Pastor Bräunich in der Jerusalemer Kirche stattfand.

An jenem Tage zogen wieder Truppen ein, und vor dem Mittagessen, zu dem Fräulein Weiß die Eltern der Konfirmandinnen geladen hatte, standen wir fast alle vorn am Fenster, um die Soldaten einmarschieren zu sehen.

Es waren dies die ersten Truppen, die wieder nach Berlin zurückkehrten. Nicht die viel verhöhnten Garderegimenter, die erst später unter Wrangel einzogen, sondern Linientruppen, die der Bürgerwehr den Wachtdienst erleichtern sollten. Ein komischer Vorfall trug sich an diesem sonst so ernsten Tage zu: Im großen Schulzimmer war der Eßtisch gedeckt, und zwei Torten mit Apfelsinencreme standen darauf. Einige der jungen Mädchen waren von der Kirche zurückgeblieben, unter ihnen Adelheid Bassewitz, die von den anderen viel geneckt wurde. Die Torten reizten ihren Appetit, sie konnte nicht widerstehen, nahm einen Löffel und fuhr tüchtig hinein.

Voll Schreck sah sie dann die Verwüstung, die sie angerichtet hatte, glaubte aber den Tröstungen der Kolleginnen, daß die Torte auf der unteren Seite ebenso aussähe, wie oben. So machte sie sich daran, die Verstümmelte umzudrehen und stand dann entsetzt vor der ganz zerbrochenen Torte. Sehr gnädig begrüßte Fräulein Weiß, welcher der Schaden doch gezeigt werden mußte, das arme Wurm nicht, und für die anderen blieb dies Ereignis ein unerschöpflicher Quell der Neckerei.

Der Sommer 1848 verlief für uns ziemlich ruhig, dennoch regten die beiden Steinmetzschen Damen und Fräulein Weiß einander furchtbar auf durch die schauerlichsten Dinge, die sie überall sahen und hörten, weil sie sie sehen und hören wollten. Fräulein Weiß dachte immer an Plünderung und packte all ihren nicht unbedeutenden Schmuck, und vieles, was ihr von anderen zur Aufbewahrung gegeben war, in eine Schachtel, nähte diese in Leinewand ein und steckte sie, an einer hochstehenden Elle befestigt in den Ofen. Dort würde, wie sie sicher hoffte, keiner der Sansculottes, welche sie im Geiste das Haus stürmen sah, den Schatz entdecken. Dabei blieb Fräulein Weiß aber ihrer Gewohnheit, Papierschnitzel, auch ab und zu ein brennendes Schwefelholz in den Ofen zu werfen, getreu.

Da kam eines Tages eine ihrer früheren Schülerinnen und bat um die Rückgabe einer sehr wertvollen Uhr. Stolz darauf, ihren Schatz so sicher geborgen zu haben, öffnete Fräulein Weiß den Ofen und – was findet sie: die hochstehende Elle war verbrannt, der Leinewandbezug ebenso, und die Schachtel mit dem ganzen Inhalt verschwelt; ein Häufchen Asche, worin noch einzelne Gold- und Steinreste waren, und – wunderbarerweise die Uhr, die in einem besonderen Etui steckte, fast unversehrt erhalten.

Die Verwirrung des guten Fräulein Weiß nahm während des Sommers bedenklich zu und erreichte den Höhepunkt, als im November Wrangel mit den Gardetruppen wieder in Berlin einrücken sollte. Da ließ sie sich von allen Seiten erzählen, die Aufrührer beabsichtigten Barrikaden zu bauen.

Ferner sollten alle jungen Mädchen aus Pensionaten und Familien herausgeholt und auf die Barrikaden gestellt werden. Dann würden die Offiziere nicht schießen lassen, und die Aufständischen hätten gewonnenes Spiel.

Jetzt beschloß Fräulein Weiß mit den ihr verbliebenen Pensionärinnen, acht bis zehn an der Zahl, zu flüchten, und zwar zu einer Familie von Leipziger, die in der Gegend von Meißen wohnte und ihr Haus als Asyl angeboten hatte.

Auf dem Anhalter Bahnhof, der ersten Reiseetappe, fand sich's, daß kein Koffer zugeschlossen war, doch konnte diesem Übel durch schleunige Rücksendung des Portiers, der die Schlüssel holte, noch abgeholfen werden und die Fahrt beginnen. Bis Röderau kamen sie mit der Bahn, blieben dort die Nacht, und am nächsten Morgen erwarteten zwei Wagen die Reisenden. Als die Gesellschaft einstieg, erlaubte sich der erste Kutscher die Frage, wohin denn die Fahrt eigentlich gehen sollte. „Ja wohin!" Unserm guten Fräulein Weiß, war in der Aufregung, in die sie die Reise und deren Vorbereitungen versetzt hatten, der Name des Ortes gänzlich entfallen. Meißen, das wußte sie, war nicht allzuweit von demselben entfernt, und es wurde beschlossen, die Richtung dahin einzuschlagen. Vorwärts ging es nun eine lange Strecke. Eins der jungen Mädchen, die auf dem Bock saß, las die Namen an den Meilensteinen. Auf einem stand: Nossen. Der Name war ihr fremd, und so betonte sie ihn recht deutlich. Ein Freudenruf und eine Umarmung von Fräulein

Weiß lohnte diese Tat. Nossen! das war der vergessene Name des Ortes, bei dem das Gut der Familie von Leipziger lag. Glücklich langten sie bei den gastfreien Freunden an und kamen nach einigen Wochen in die, durch Rückkehr der Truppen, und Verhängung des Belagerungszustandes beruhigte Hauptstadt zurück. Ich hatte indessen mit Adelheid Bassewitz und zwei oder drei anderen allein hausgehalten.

Die Rückkehr der Garderegimenter nach Berlin hatte sich unter Wrangels Führung ganz im Stillen vollzogen. Es war vorher wenig davon bekannt geworden; sie waren plötzlich da. Wrangel hielt mit einem großen Teil der Truppen auf dem Gendarmen-Markt und wartete, bis alle nacheinander in die ihnen bestimmten Quartiere gezogen waren. Die Kasernen waren noch von den Linientruppen besetzt, und die Garden wurden zunächst in der Stadt einquartiert. Wrangel kehrte fast als der Letzte in seine Wohnung zurück.

„Ob sie ihr wohl gehangen haben?" sagte er vorher kaltblütig, eingedenk, daß man ihm gedroht hatte, seine Frau aufzuhängen, falls er in Berlin einzöge. Man hatte „ihr nicht gehangen" und der alte Herr feierte frohes Wiedersehen. Damals war er noch ganz der stramme Soldat, und auch sein Gedächtnis gut. Später verließ es ihn mehr, und er kannte wohl die Leute, erkannte die Gesichter wieder, aber der Name war ihm entschwunden. So sagte er mir einmal: „Liebes Kind, ich kenne Ihnen, aber ich weiß man nicht wie Sie heißen."

Wie oft denke ich jetzt der Rede – ich kenne auch die Menschen; aber wie sie heißen, das ist mir oft sehr unklar.

Das Pensionat von Fräulein Weiß hatte durch die Ereignisse der Märztage bedeutend an Kredit verloren. Die meisten Eltern nahmen ihre Kinder fort, und nach kaum Jahresfrist wurde das Institut ganz aufgelöst.

Fräulein Weiß zog sich nach langem, segensreichen Wirken in das Privatleben zurück. Sie lebte längere Zeit in Potsdam, wo sie einst ihre Pension begründet hatte und starb dann, treu gepflegt von Frau von Burgsdorf, ihrer einstigen Schülerin, deren Tochter sie auch später erzogen hatte.

106

Ob die Legende, die, wie leicht denkbar, unter ihren Pensionärinnen von Generation zu Generation ging, auf Wahrheit beruhte, weiß ich nicht. Danach sollte sie, ihrem Verlobten, einem Herrn v. Eckenbrecher, in die Kämpfe der Freiheitskriege folgend, als Marketenderin mit dem Heere gezogen sein. Nach ihres Verlobten tödlicher Verwundung habe sie ihn bis ans Ende gepflegt und sei dann heimgekehrt, um sich für ihren späteren Beruf vorzubereiten.

Das Miniaturbild eines Offiziers in der Uniform jener Zeit befand sich unter den Trümmern des Ofenbrandes. Die Goldeinfassung war geschmolzen, das Bild selbst erhalten, und ich kann in Wahrheit sagen: „Was mag die Alte haben, sie weint, so oft sie es erblickt."

Das Wahre an der Sache wird sein, daß dies das Bild ihres einstigen Bräutigams war, den Marketenderzusatz halte ich für Legende.

Um nun noch einmal auf das Jahr 1848 zurückzukommen, so möchte ich zeigen, daß nicht nur ältere Damen, wie Fräulein Weiß, sich in jenen Tagen des Aufruhrs phantastische Schreckbilder schufen. Es tauchten auch sonst die fabelhaftesten Gerüchte auf und wurden von breiten Schichten der Bevölkerung für Wahrheit gehalten. Dahin gehört die Notiz vom gewaltsamen Vordringen der aufrührerischen Polen, die sich wie ein Lauffeuer verbreitete. Dies zeigt, wie derartige Gerüchte entstanden und wuchsen.

Unweit Driesen, dem kleinen, an der Netze gelegenen Neumärkischen Landstädtchen, wollten Leute am frühen Morgen des 11. Mai wildes Schreien und Waffengeklirr gehört haben; nicht lange währte es, und die Schläfer waren durch den Schreckensruf: „Die Polen sind da!" geweckt. Alles stürzte in wildem Durcheinander aus den Häusern. Was irgend konnte, lief zur Stadt hinaus, ohne selbst zu wissen, wohin. Andere stürmten in die Kirche und zogen die Sturmglocken, wer eine Waffe hatte, holte sie hervor. Manche eingerostete Flinte wurde aus dem Winkel, in dem sie von glorreicher Vergangenheit, vielleicht auch nur von einem erlegten Hasen träumte, zu neuen Taten geweckt.

107

In Scharen zog man, so bewaffnet, dem Tore zu. Es war der richtige Augenblick, denn eben rückten die Polen über die Netzebrücke, die man, o Schrecken, vergessen hatte auszuziehen! Beide Haufen standen sich kampfbereit gegenüber; aber da entdeckte man, daß die bösen Feinde gar keine Polen waren, sondern die friedlichen Bewohner der umliegenden, nahen Dörfer, die durch die Driesener Sturmglocken herbeigezogen waren.

Als die Anrückenden erklärten, keinen Feind gesehen zu haben, beruhigten sich auch die Gemüter im Städtchen. Aber schon war die Schreckenskunde weiter und weiter gedrungen. In Friedeberg, der benachbarten Kreisstadt, hatte eine Frau mit zwei Kindern, die aus dem nahen Driesen kamen, berichtet, dort stände das Blut der Niedergemetzelten schon handhoch in den Straßen.

Neues Entsetzen, neues Sturmläuten!

In dem zunächst gelegenen Birkholz retteten die Leute Kinder, Betten und was sie Wertvolles hatten, in die Kirche; denn diese lag erhöht und konnte leicht verteidigt werden, da sie von einer Steinmauer umgeben war. Ein altes Mütterchen kam sogar mit einem Kochtopf voll grauer Erbsen, den sie eben zur Mittagssuppe auf den Herd gesetzt hatte, diesen Schatz im Gotteshause zu bergen.

Die sonst so resolute Frau von Langenn raffte, was sie von Wertpapieren fassen konnte, in der Küchenschürze zusammen und lief, wie sie nachher selbst sagte, ohne zu wissen wozu und warum, im Dorfe umher.

Zum Glück kam auch hier bald beruhigende Kunde. Aber, wie es möglich war, daß die wilde Mär ohne Telegraph mit Windeseile bis weit nach Pommern, ja, bis hinter Gollnow dringen konnte – das ist ein Rätsel. Flüchtend zogen die Leute aus den Dörfern in die nächstgelegenen Städte. Besondere Anziehungskraft übte Stargard aus, wo Militär lag.

Komisch wirkte folgende Episode: In der Nähe von Schievelbein hatte das Entsetzen die Familie eines Gutsbesitzers erfaßt, und die Flucht wurde beschlossen. Mit vier starken Pferden bespannt, fuhr die Große

Kutsche vor das Haus. Der Vater beschloß, daheim zu bleiben, um soviel als möglich zu retten. Sechs Kinder und die alte Tante wurden in den Wagen gepackt, die Mutter zögerte solange als möglich neben dem Gatten. Endlich aber, nach letzter, tränenreicher Umarmung, stieg auch sie ein. Ein Dienstmädchen kletterte auf den Bock, der Kutscher hieb auf die Pferde ein, und fort ging es. Ungefährdet kam man nach Stargard und fand dort auch Nachtquartier. Nun hieß es auspacken, was für die Kinderschar nötig war; aber – weder Wäsche noch Kleidungsstücke waren vorhanden. Man hatte, im Schreck und Abschiedsschmerz das Einpacken total vergessen. Nur die vorsichtige Tante hatte ihre Nagel- und Zahnbürsten in die Tasche gesteckt. *Voilá tout!*

Alles blieb ruhig, kein Pole erschien, und bald erkannte man das Ganze als blinden Lärm. Dieser wurde schließlich darauf zurückgeführt, daß ein paar Hütejungen unsern Driesen sich unter lautem Geschrei geprügelt hatten – das war der Grund der großen Ausstandes!

Tant de bruit pour une Omelette.

Einer, der in jenen Tagen nicht die Nerven verloren hatte, war der alte Meister Heck in Friedeberg, Schlachter und Viehhändler seines Zeichens. Als in einer Versammlung wieder einmal eine aufreizende Rede gehalten wurde, sprang er auf den Tisch und erklärte, daß wer sich unterstände, den revolutionären Gelüsten jener Maulhelden beizustimmen oder gar zu folgen, es mit ihm zu tun bekäme. „Und," fügte er hinzu „ich bin Schlächter, ich weiß, wie man mit Ochsen umgeht." Seine derben Fäuste hochhaltend und auf seine, ihn umringenden Gesellen zeigend, ließ er niemand darüber in Zweifel, was dann geschehen würde.

Diese Erklärung wirkte merkwürdig beruhigend, und die Unruhstifter zogen sich zurück.

Dies, sein mutiges Auftreten und der gute Erfolg desselben, hatten dem biederen Heck eine überall geachtete und bevorzugte Stellung verschafft, und auf allen Höfen war er gern gesehen, wenn er zum Vieheinkauf erschien. Wunderbar waren seine Redeformen: „I, da muß ja ein Bär krepieren", war ein beliebter Ausspruch, wenn er sein Erstaunen über einen ihm recht hoch erscheinenden Preis ausdrückte, und wenn er einen solchen annahm, pflegte er wohl zu sagen: „Det is en schwerer Walzer."

Er war übrigens klug genug, in fremde Verhältnisse bald einen richtigen Einblick zu gewinnen, und es gelang ihm oft, durch seine Gemütlichkeit Frieden zu stiften und durch treue Aushilfe sich Freunde zu gewinnen.

Welch ein warmes, zartfühlendes Herz der derbe Alte besaß, zeigte sich später im Jahre 1870.

Als im Dezember die Kunde kam, der älteste Sohn des Herrn von Wedemeyer in Schönrade, unser Werner, sei gefallen – da eilte der alte Heck zum Bahnhof, wo er den Vater fand. Die Todesnachricht des Sohnes war diesem, der von Berlin kam, vorangegangen und ihm noch nicht bekannt. Damit er sie nicht aus unberufenem Munde erführe, teilte der schlichte Alte, mit Tränen der schonendsten Liebe, dem Vater die Trauerkunde mit und begleitete ihn, milde tröstend und zuredend, nach Hause. Heck hatte während der Choleraepidemie im Feldzug 1866 seinen Sohn verloren, den er in rührender Weise betrauerte – so hatte er Verständnis für den Vaterschmerz anderer. Heck gelangte allmählich zu großem Wohlstande, blieb aber immer der schlichte, ursprüngliche Mann. Wie oft hat er erzählt: „Ja, aufgeholfen hat mir die alte Frau von Langenn; wie ich noch als junger Mensch von Dorf zu Dorf ging um Vieh zu kaufen, da überließ sie mir zwei fette Schweine, und auf meine Bemerkung, Geld habe ich aber nicht, meinte sie: Ich weiß ja, daß Sie ein braver Mensch sind, der für seine alte Mutter sorgt, mit dem Geld hat's keine Eile! Na – und die Schweine hab ich dann gut verkauft, und so ging's weiter." Daß er im ferneren Verlauf ihrer Handelsbeziehungen der Frau von Langenn, als Begründerin seines Wohlstandes die Preise für ihre Produkte ein wenig höher stellte, als seinen anderen Lieferanten, erzählte der brave Mann nie und freute sich dann, wenn die alte Dame ihren Söhnen gegenüber sich der hohen Viehpreise rühmte.

Da Heck selber den Mangel gefühlt hatte, und seine Frau, allgemein als Lottchen bekannt, ebenso dachte wie er, half er vielen jungen Leuten

110

den Lebensweg bahnen, und oft kehrten später Männer in guten Stellungen mit Weib und Kind in dankbarer Gesinnung bei ihm ein.

Ein anderes Lottchen, die Frau des Kaufmannes Sperling in Friedeberg, ehrte der hinterbliebene Gatte nach ihrem frühen Tode durch Anfertigung zweier Leichensteine, auf die er, um seine fortdauernde Gemeinschaft mit der Gattin zu bezeichnen, einen Gesangbuchvers in folgender Weise einmeißeln ließ: Eine Zeile fand auf dem einen Stein, die folgende auf dem anderen ihren Platz. Lottchens Stein wanderte auf den Kirchhof, der seinige auf den Hausboden. Bis zum sanftseligen Ende des Herrn Sperling mußte sich Frau Lottchen mit der unvollständigen Hälfte des Kirchenliedes begnügen.

Eines Tages lud der Witwer alle seine Freunde und Verwandten ein. Eine Tafel war gedeckt und reich besetzt. Neben des Wirtes Stuhl stand ein zweiter, leer bleibender, der gleich dem seinen mit Blumen geschmückt war. Heute war Herrn Sperlings goldener Hochzeitstag, und dieser mußte doch gefeiert werden, wenngleich es, wie der Witwer sagte, „ohne Lottchen nur das halbe Vergnügen wäre".

Zu den Originalen des Friedeberger Kreises gehörte auch eine Frau von Oertzen. Wie man sie jetzt sah, lang und hager, zeigte ihre ganze Erscheinung keine Spur der Reize, die sie unzweifelhaft einst besessen haben mußte, da ihr erster Mann, ein kleiner Gutsbesitzer der Gegend, sie von seiner Magd zu seiner Frau erhoben hatte. Nach dessen Tode hat sie noch zweimal wieder geheiratet und pflegte in bezug auf ihre drei Ehen zu sagen: „Mein erster Mann is mich gestorben, von dem zweiten habe ich mir scheiden lassen, und weißt du, mein Stümperken," mit diesem Kosenamen bedachte sie ihren dritten Mann, „dat is mich heute noch leid!"

Man wollte wissen, daß Herr von Oertzen sie wegen ihres wohlgefüllten Geldbeutels geheiratet habe; dafür sprach, daß ihm der Verkauf seines verschuldeten Gutes schwerlich gestattet haben würde, mit Komfort in dem Städtchen zu leben, Freilich ein Komfort, wie er den geringen Ansprüchen der ersten Hälfte des vorigen Jahrhunderts entsprach.

Die Leutchen verkehrten sowohl mit den Offizieren der kleinen Garnison, wie auch mit der ganzen Nachbarschaft. Ihre solennen Diners gaben sie aber nicht im eigenen Hause, sondern die Räume des Hotels zum Kaiser von Rußland öffneten sich zu diesem Zwecke.

Frau von Oertzen empfing dann ihre Gäste immer im allbekannten rötlichen Seidenkleid – eine, nach damaliger Mode reich mit Band und Rüschen verzierte riesenhafte Haube auf dem rötlichen falschen Scheitel. Dieser Scheitel pflegte sich tückischerweise meist gerade soweit von dem Spitzengebäude zu entfernen, daß ein Streifchen der spärlichen eigenen grauen Haare neugierig dazwischen hervorlugte. Rühmte wohl eine der Damen das Hotel, so konnte sie antworten: „Na–ick finde es auch ganz gut, und da sagte ick denn zu mein Stümperken: ehe ich mich die Last ins Haus mache – da lade ick mich die ganze Gesellschaft doch lieber ins Hotel."

Schwerlich würde es einer solchen Frau heute möglich sein, Aufnahme in die gute Gesellschaft zu finden. Damals lachte man nachsichtig über sie und erkannte ihre Gutmütigkeit an, mit der sie jedem zu helfen bereit war. Sagte man doch, daß ihre Börse – den Ausdruck *porte monnaie* kannte man noch nicht – auch bisweilen jüngeren Offizieren aus der Not half.

Schönrade

Einige Zeit nach Auflösung der Weißschen Pension zog ich mit Fräulein Charlotte von Langenn in Berlin in eine gemeinsame Wohnung; sie war die Schwester des Birkholzer Herren und aller Welt unter dem Namen „Tante Lottchen" bekannt.

Mittlerweile war ich selbst in das Register der alten Tanten gerückt, und da diese, wenn sie nur halbwegs vernünftig sind, zu der gesuchten Ware gehören, so ließ man mich nicht gerade viel in meiner stillen Klause.

Auch Fräulein von Langenn verreiste häufig, und so trennten wir uns meist in den Sommermonaten, um uns zum Winter in der Kommandantenstraße, wo unsere Wohnung lag, wieder zusammen zu finden.

Manche Reise unternahmen wir auch gemeinsam; so kam ich durch „Tante Lottchen" in Berührung mit einem Manne, in dessen Hause ich viel Freude genossen habe, und der mir zuerst ein schönes Fleckchen Erde mit reichen Kunst und Naturschätzen zeigte. Es war dies der frühere Erzieher des Königs Albert von Sachsen, Geheimrat Albert von Langenn in Dresden, ein Mann, vor dessen Gelehrsamkeit ich schauderte, bevor ich seine Bekanntschaft gemacht hatte: Doktor der Philosophie, der Jurisprudenz und, O Schrecken, auch noch der Theologie, wirklicher Geheimrat, Chefpräsident des Appellationsgerichts in Dresden – das waren Titel und Würden, die mich mehr fürchten denn hoffen ließen, als wir zu einem Pfingstfest „lang, lang ist's her", es kann 1852 gewesen sein, seiner Einladung folgten.

Eines Mittags kamen wir, Tante Lottchen und ich, in Dresden an. Herr von Langenn war Witwer und wohnte in einem Flügel des Hotel Bellevue, an der Elbe in unmittelbarer Nähe des königlichen Schlosses gelegen. Eine prächtige Aussicht bot sich von dort; weithin bis Meißen schweifte der Blick die Elbe hinab; auf der anderen Seite sah man in anmutigster Lage Schloß Albrechtsberg, dem Prinzen Albrecht von Preußen gehörig.

Bei unserer Ankunft hatte ich kaum ein Auge für dies herrliche Bild, ich dachte nur an den Dr. theol. usw.

Wie rasch verflogen aber meine Besorgnisse, als der durchaus nicht zum Fürchten aussehende, schlichte Mann uns mit gewinnender Herzlichkeit begrüßte und in unverfälschter Gemütlichkeit sächsisch sprach. Nachdem wir den Reisestaub von unsern Kleidern geschüttelt hatten, setzten wir uns zu Tisch, und da splitterte schon bei der Suppe ein Stückchen des großen Steines ab, der mir vorher auf dem Herzen lag. Beim Braten fiel er ganz herunter, und beim Dessert waren Geheimrat Langenn und ich die besten Freunde und wurden es täglich mehr. Ich hatte damals noch wenig von der Welt gesehen; da war es ihm eine Freude, mir die Schätze Dresdens zu zeigen. Er hatte einen der ihm befreundeten Beamten der Gallerie oder sonstigen Museen gebeten, uns des Vormittags, wenn er seinen Geschäften nachging, zu führen; so gewannen wir zu allen Stunden Eintritt. Sachen, die andere nur unter Glas sahen, gab man uns in die Hand, und wir hörten anregende Erklärungen darüber. Besonders interessant war dies in der Bibliothek; da sahen wir Handschriften mit wunderbar gemalten Initialen, zu deren Herstellung einsame Mönche vielleicht eine halbe Lebenszeit gebraucht hatten.

Zu Tisch fanden wir uns zu heiterer und belehrender Unterhaltung zusammen. Dann stand der Wagen vor der Tür, und wir machten Ausflüge in die Umgebung Dresdens. Wie kindlich liebenswürdig war der große Gelehrte im nahen Umgang. Wenn wir an einem Punkte mit besonders schöner Aussicht anlangten, so gab er mir den Arm, und ich mußte versprechen, die Augen fest zu schließen, bis wir an der richtigen Stelle waren. Wie freute er sich dann, wenn ich mit hellem Entzücken den überraschend schönen Ausblick genoß. Das Panorama des Elbtals, vom weißen Hirsch aus gesehen, wird mir immer unvergeßlich sein. Schön waren auch die Fahrten mit dem Dampfschiff nach Schandau und nach Meißen; es war, als sähe man alles und läse zugleich ein Buch mit der ausführlichsten Beschreibung jedes Punktes, denn so anschaulich erzählte unser freundlicher Führer.

114

In der katholischen Kirche, die wir der Musik wegen besuchten, kamen mir viel alte Erinnerungen ans meinen Kindertagen. Jetzt war von dem Pomp des königlichen Zuges nichts mehr zu sehen; wir konnten nur Exzellenz Langenn in Hoftoilette bewundern, als er während unserer Anwesenheit einmal zur königlichen Tafel befohlen wurde. Die Galauniform, weiße Beinkleider und reich gestickter Rock, waren dem einfachen Mann wenig gemütlich. Um diese vor dem lästigen Kohlenstaube zu schützen, bestieg er eine Portechaise, ein in Dresden noch übliches Beförderungsmittel aus Urväterzeit. Tante Lottchen und ich begleiteten den Geheimrat in den Hausflur, um ihn einsteigen zu sehen und waren allerdings beide mehr dadurch belustigt, als er.

Durch mein Zusammenleben mit der Schwester des Birkholzer Herren waren die Beziehungen zu dem mir so lieben Hause noch mehr gefestigt worden. Am nächsten aber von allen stand mir die älteste Tochter, Clara; sie war jetzt, wie schon früher erwähnt, mit Herrn von Wedemeyer-Schönrade verheiratet. Clara war von jeher mein Liebling unter den Birkholzer Kindern gewesen. Mein Bruder behauptete sogar im Scherz, daß, wenn Clärchen bitten wollte: „Hole mir mal den Mond herunter", ich antworten würde: „Ich will's versuchen." Meine ehemalige Schülerin hatte sich nicht nur zu einer schönen Frau entfaltet, sondern ihr ganzes Wesen war von einer besonderen anmutigen Lieblichkeit, die ihr leicht die Herzen gewann. Mir war sie eine liebe, vertraute Freundin geworden.

Dem für mich so glücklichen und gesegneten Leben in ihrem Hause möchte ich daher noch ein besonderes Denkmal dankbarer Erinnerung setzen. Zwischen ihr und mir ist es bis zu ihrem Tode das alte Lied von Lieb um Liebe und Treu um Treue geblieben. Am Abend vor ihrer Hochzeit sagte sie mir: „Das Glück, das ich im Leben finde, das danke ich zum größten Teil dir, ohne dich wäre ich nicht die geworden, die mein Bräutigam hätte lieben können." Und noch im letzten Jahre ihres Lebens äußerte sie einmal: „Bechen ist meine beste Freundin." Wie halfen solche Worte über manches Schwere im Leben fort. Selten ist es, daß der Mann und die Freundin der Frau sich nahe stehen, aber bei uns war auch dies der Fall. Ja im Scherz äußerte Herr von Wedemeyer öfters: „Ich habe zwei Frauen, eine alte und eine junge." Unser harmonisches Zusammenleben erregte die Bewunderung der Fürstin Bismarck, die staunend meinte, so etwas sei ihr noch nicht vorgekommen. Es ward mir Herzens Bedürfnis, dieser mir durch viele Jahre immer lieber werdenden Freundin in den oft schweren Aufgaben, die ihr das Leben stellte, nach Kräften beizustehen. So machte es sich ganz von selbst, daß Schönrade meine zweite Heimat wurde, ohne das ich doch meine Selbständigkeit ganz aufgegeben hätte.

Clärchen und ihr Mann, obgleich beide jünger als ich, sind längst aus dem Leben geschieden. Der Schmerz, sie entbehren zu müssen, ist für mich dadurch gemildert, daß ihre Kinder, die sie gelehrt hatten, mich zu lieben, an diesem Bande festgehalten haben und diese Gesinnung wiederum auf die eigenen Kinder übertrugen, so daß ich noch heute der Mittelpunkt dieses weit ausgedehnten Familienkreises bin, und mir dadurch in meinem Alter ein Glück zuteil geworden ist, wie es wenigen Menschen beschieden ist.

Ich brachte nun also ganze Wochen und Monate in Schönrade bei Clärchen zu. Die erwartete Geburt eines Kindes, jedes Freudenfest, jeder Krankheitsfall, rief mich ins Haus und auf den durch ihre Kränklichkeit häufig notwendig werdenden Badereisen mußte ich die Hausfrau begleiten, oder, wenn beide Gatten abwesend waren, Haus und Kinder hüten. Der große ländliche Haushalt, die stets sich mehrende Kinderschar, machten meine Hilfe immer erwünscht, besonders bei der zarten Gesundheit Clärchens, die in den letzten Jahren ihres Lebens viel ans Zimmer gefesselt war.

Acht Kinder erblüten, von denen ein Knabe in zartem Alter starb. Da gab es viel zu hüten und zu pflegen, Hoffen und Sorgen zu teilen. Wie manche große Wäsche und Schlächterei half ich bewältigen, wie manche Jagd und andere Geselligkeit mit ausrichten. Große Gärten und

116

Obstalleen machten viel Arbeit. Da ward bisweilen schon von 5 Uhr morgens an das Obst zum Dörren geschnitten. Im Winter versammelten sich die zwölf Milchmädchen in der Gesindestube um 7 Uhr abends zum Spinnen. Ich hatte mir die Aufgabe gestellt, um müßiges Geschwätz zu verhüten, ihnen aus guten Büchern vorzulesen. Auch die Sorge für die Dorfbewohner, besonders in Krankheitszeiten, nahm mich oft in Anspruch. So verwuchs ich mehr und mehr mit dem Hause Wedemeyer, seine Freuden wurden die meinen, sein Leid bedrückte auch mich.

Manche kleine und größere häusliche Nöte, manche humoristische Episode, manches Original auch aus dem Kreise der Leute, taucht in meiner Erinnerung auf, wenn ich der Schönrader Tage gedenke.

Die damals meist übliche Form ländlicher Geselligkeit waren größere Jagden mit nachfolgendem Diner. Bei solcher Gelegenheit erschienen zu Anfang der jungen Schönrader Ehe, wo die Hausfrau weder über große Hilfsquellen in ihrer Küche, noch der Hausherr über große Ergiebigkeit seines Jagdreviers gebot, allerlei Hilfen aus dem elterlichen Hause in Birkholz. Zunächst in Gestalt der trefflichen Caroline, der Birkholzer Köchin, sie gebot über ein eigenes Küchenlexikon, denn eine Farce hieß bei ihr ein „Fraß" und ohne Fraß wurde kein Puter zu Tisch gebracht, während der Kalbsbraten mit einer „Brechhammelsauce", statt mit Bechamelsauce, serviert wurde. Am Tage nach einer durch ihre Kunst verherrlichten Jagd reisten Caroline und die Kammerjungfer der Großmutter nebst deren Koffer, in dem das Festgewand sich befand, nach Birkholz zurück. Nur die Familie blieb noch beisammen, aber der allgemeine Frohsinn verwandelte sich in bange Bedrücktheit, Scherz und Lachen erstarben auf jeder Lippe, denn „Großchen" saß, als man sich zum Mittagessen versammelte, mit der Miene eines erzürnten und grollenden Jupiter in ihrem Sessel. Niemand wagte die Frage nach dem „Warum". Bis endlich der Hausherr das erlösende Wort fand, und es nun galt das Lachen zu ersticken, als man erfuhr, daß die kleine Ursache des großen Zornes durch die Kammerjungfer heraufbeschworen war, die aus Versehen das Schnürleib der Gebieterin mit dem Koffer entführt hatte.

117

Schlimmere Nöte machten uns bei einer anderen Jagd zwei wirtschaftliche Vorfälle. Zunächst das rätselhafte Verschwinden des Vorratsstubenschlüssels, den ich zuletzt gehabt hatte, in einem Augenblick, wo Vorbereitungen drängten, und die Verlegenheit noch erhöht wurde, weil Jette, die Küchenmagd aus dem Nebenhause, mit allerlei Wünschen erschien. Der Vater des Herrn von Wedemeyer wohnte nämlich in einem Gartenhause und hatte das Übereinkommen getroffen, daß ihm aus dem Haupthaus Materialwaren abgelassen wurden. Die übelwollende Jette fortschicken, weil der Schlüssel fehlte, hätte allerlei Unannehmlichkeiten nach sich gezogen.

„Warum bist du so traurig?" fragte mich in dieser Not der fünfjährige Werner, der uns umspielt hatte. „Ach, Dickerchen, der Hauptschlüssel ist ja fort." „Möchtest du den gern haben? Den habe ich in die Kaffeetrommel gesteckt, das klapperte so hübsch." Und der Schlüssel war wieder da.

Nicht wieder aber kam leider ein anderes Hauptstück für unsere Jagd, nämlich der Braten. Ein ganzes Reh war von Birkholz zu diesem Zweck gekommen und im Eiskeller verwahrt. Als aber am Morgen des Jagdtages der Schäfer das Tier zerlegen wollte, fand er, o Entsetzen, daß ihm die durch eine offengelassene Tür zuvorgekommenen Windhunde diese Arbeit sehr gründlich abgenommen hatten. Es blieben buchstäblich nur Haut und Knochen für unsere Festtafel. Einen Augenblick stand die junge Hausfrau ganz verstört, aber sich rasch fassend, bat sie ihren Mann gleich nach dem ersten Treiben einige Hasen herein zu schicken, die denn auch als Ersatz verspeist und durch die Bewunderung über die Geistesgegenwart der Frau gewürzt wurden.

In mancherlei schwierige Lagen brachten mich auch die Zeiten meiner Alleinherrschaft in Schönrade. Wenn es sich z. B. plötzlich herausstellte, daß der unlängst engagierte, gut empfohlene Hauslehrer sich außer den Stunden, statt sich um seine Zöglinge zu kümmern, damit beschäftigte, mit den Mägden im Milchkeller vertraulich unpassende Schäkereien zu treiben und sogar des Nachts im Garten Zusammenkünfte mit ihnen

118

hatte. Ich versuchte ihn durch höfliche, ernste Vorstellungen und Bitten zur Vernunft zu bringen, was aber so laute, ausfallende Grobheit seinerseits veranlaßte, daß ich mich genötigt sah, ihn durch den in der Nähe wohnenden Bruder der Hausfrau entfernen zu lassen. Den Unterricht der Kinder übernahm in den Hauptfächern der Geistliche des Ortes, und ich ergänzte das übrige so gut es gehen wollte. Dabei erteilte ich eine Ohrfeige, die nach Jahren gute Früchte trug. Der Sohn einer Schwester des Hausherrn wurde mit den Kindern in Schönrade erzogen. Ein lieber, guter Junge, der aber beim Lernen sehr zerfahren war und einst Karlsruhe als Hauptstadt nach England verlegte, was ihm jene Ohrfeige eintrug. Diese bei mir ganz ungewöhnliche Strafe machte ihm tiefen Eindruck. Als er vor Jahr und Tag aus China zurückkehrte, um hier Regimentskommandeur zu werden, brachte er mir eine sehr schöne Stickerei mit und bemerkte dabei, es sei der Dank für die Ohrfeige, die ihm fürs ganze Leben gut getan habe.

In einige Schwierigkeit versetzte mich in späteren Jahren das Ansinnen des Oberinspektors, der mich bat, seine patriotische Absicht zu unterstützen und am 22. März 1871 eine Feier des ersten kaiserlichen Geburtstages zu veranstalten.

Ich sollte den Leuten etwas auf die Bedeutung des Tages Bezügliches vorlesen, und er wollte für den Vortrag patriotischer Lieder sorgen. Ich sagte zu, aber guter Rat ward teuer, als ich trotz eifrigen Suchens in keinem der vorhandenen Bücher etwas Passendes finden konnte. Endlich entdeckte ich in Brückners Predigten eine in Leipzig auf den Tod des Königs von Sachsen gehaltene Rede. Die las ich durch und wahrhaftig, es ging, ich konnte sie beim Lesen in ein Loblied auf Kaiser Wilhelm umwandeln. Und die verwandelte Trauerrede tat so gute Wirkung, daß mein alter Verehrer, der Meier Sienknecht zuletzt noch ein Hoch auf mich ausbrachte, weil ich so Schönes vorgelesen habe.

Dieser vortrefflich, etwas heißblütige Mann, klagte mir einst seine Nöte im Verkehr mit dem Inspektor und schloß mit dem bedenklichen

Vorschlag: „Was meinen gnädiges Fräulein, wenn ich ihn mal richtig durchprügelte." Es gelang mir aber Frieden zu stiften.

In einem anderen Fall konnte ich die Tätlichkeiten nicht mehr verhindern. „Guste Zabel mit dem langen Schnabel" hieß ein Mädchen, das sich trotz ihrer ungewöhnlich ausgebildeten Nase schließlich verheiratet hatte und von dem mit das Gerücht zukam, daß sie ihre Schwiegermutter geprügelt habe. Als ich ihr das Unrecht vorhielt, erwiderte sie: „Ja, sie schimpfte mir und meine Kinder, da übermannte mir die Wehmut und ich haute ihr."

Nicht minder originell war die Antwort, die mir der Schönrader Reitknecht Grundei einst erteilte. Er fuhr uns in einem Pürschwagen auf fast ungebahnten Wegen im Walde spazieren und jagte in einem Tempo über Stock und Stein, das mich schließlich veranlaßte, um etwas mehr Schonung meiner Knochen zu bitten: „Gnädiges Fräulein Anno 70 vor die Kanonen gings noch ville döller" – sprachs und hieb, in Rückerinnerungen schwelgend, auf die Pferde. Beinahe gerädert kamen wir heim, und ich war froh, nicht in allen Lebenslagen wie die Kanonen von Anno 70 behandelt zu werden.

Ein anderer Schönrader Kutscher, der sich vergeblich bemüht hatte, mit der Französin, die er von der Bahn abholte, eine Unterhaltung zu führen, meinte verächtlich: „Na, wat sich de Herrschaft da geholt hat! Wenn die nich ihr bisken französisch hätt', müßt se doch grad blaffen as 'n Hund."

Auch die Antwort jenes Kandidaten war etwas verblüffend, der auf die teilnehmende Frage der Hausfrau, wie er seine großen Ferien verbracht habe, salbungsvoll erwiderte: „Gnädige Frau, ich habe mir 32 Leichenreden auf Vorrat gearbeitet." So wechselten in unserem täglichen Leben Ernst und Scherz, Freude und Sorge, Arbeit und festliches Treiben im alten, lieben Schönrade, und wenn ich sorgend und strafend unter den Leuten walten durfte, hat es mir doch auch nicht an Liebe gefehlt. Versicherte mir die alte Gartenfrau Tornow doch einst, als sie von meinem Wunsch, einmal in Schönrade begraben zu werden, hörte:

120

„Na, dann sollen gnädiges Fräulein mal s e h e n , was ich Ihnen für einen schönen Kranz machen werde!"

Vorhin war schon gesagt, daß die zarte Gesundheit der Hausfrau häufige Badereisen nötig machte, die wir meist zusammen unternahmen.
Zwei von diesen sind mir in besonders lebhafter Erinnerung geblieben und mögen hier Erwähnung finden.
Es war im Juni des Jahres 1856, als wir beide die Kur in Soden brauchten.
Gleich am ersten Morgen sahen wir am Brunnen zwei Knaben, von denen der eine Molken in seinen Becher goß. Der andere, ein besonders frisches Gesicht, sprach sein Entsetzen über die Mischung aus, indem er sagte: *„Tout le monde prend l'eau pure, je ne comprends pas pourquoi tu ajoute cette cochonerie là"*. Man sagte uns, daß dieser der Herzog von Chartres, jener ein Sohn der Oberhofmeisterin der Herzogin Helene von Orleans sei. Bald erschien auch die Herzogin in einem leichten Einspänner, den sie selbst lenkte.
Das Schicksal dieser Prinzeß, welche, nachdem sie ihre mecklenburgische Heimat verlassen, nur ein kurzes Glück auf französischem Boden gefunden hatte, erregte allgemeine Teilnahme.
Ein jeder Kurgast fühlte sich nun berufen, der Herzogin eine Karte abzugeben, und selbst aus Frankfurt strömten die Leute in das Haus.
Da in diese Zeit der Geburtstag des ältesten Sohnes der Herzogin, des Grafen von Paris, fiel, und damit seine Majorennitätserklärung verbunden war, so kamen auch aus Frankreich viele Anhänger der Orleans nach Soden.
Wir beide, Clärchen und ich, hatten es für geboten gehalten, uns dem allgemeinen Strome, welcher der armen Frau nur lästig sein mußte, nicht anzuschließen. Durch Beziehungen nach Mecklenburg wurden wir nun bekannt und bald recht befreundet mit drei Fräulein von Bassewitz.
Die älteste hatte in der Heimat der Herzogin nahe gestanden und wurde auch hier viel in ihr Haus gezogen. Da die Herzogin uns oft am

121

Brunnen und auf Spaziergängen mit Bassewitzens sah, wir beide auch ganz reputierliche Erscheinungen waren, meine Gefährtin wurde in Soden überall die schöne Frau von Wedemeyer genannt, – so war es der Herzogin aufgefallen, daß gerade wir nicht zu ihr gekommen waren.

Sie ließ uns durch Fräulein v. Bassewitz dazu auffordern; so gingen wir denn eines Tages hin und wurden von der Oberhofmeisterin empfangen, dann am nächsten Morgen der Herzogin am Brunnen vorgestellt und erhielten wenige Tage später eine Einladung zum Diner zu der damals noch ungewöhnlichen Stunde, 7 Uhr. Es war eine kleine Zahl von Tischgenossen, darunter mehrere Franzosen. Mir gegenüber saß der Graf von Paris, ein düster blickender junger Mann, mit starkem Gesicht, dicken Lippen und einem für sein Alter ungewöhnlich schweren, ich möchte sagen, ungeschickten Körperbau. Alles in allem wenig ansprechend. Er nahm nur geringen Anteil an der allgemeinen Unterhaltung und antwortete kurz auf die Fragen seiner Mutter, die ihn mit „Paris" anredete, ihn so auch anderen gegenüber nennend. Sein jüngerer Bruder, der Herzog von Chartres, machte einen sehr viel lebhafteren und freundlicheren Eindruck.

Die Herzogin Helene war eine feine Erscheinung, die die deutsche Herkunft deutlich erkennen ließ. Die Nase trat etwas zu sehr hervor und der Ausdruck des Gesichtes wurde dadurch etwas scharf. Trotz großer Freundlichkeit gegen ihre Umgebung sprach doch aus ihrem Wesen ein Zug von Bitterkeit, nicht unbegründet durch die schweren Schicksale, die sie erfahren hatte. An die Tafel schloß sich gleich der Tee an, zu welchem Fräulein von Bassewitz erschien. Jeder hatte eine Handarbeit, auch die Herzogin. Wir nicht, und sie forderte uns auf, doch künftig eine solche mitzubringen, da es die Gemütlichkeit des Verkehrs erhöhe.

Vielleicht gedachte Helene von Orleans dabei des runden Tisches in den Tuilerien, an dem die Königin Amélie abends Töchter und Schwiegertöchter versammelte. Oft hat die Herzogin wohl dort als glückliche Frau, oft auch als trauernde Witwe gesessen, bis der Sturm der Februartage des Jahres 1848 anhub, der dem König die Krone, – allen die

Heimat nahm. Aber wie die Herzogin nie die Hoffnung aufgegeben hat, ihren Sohn im Glanz der königlichen Würde zu sehen, so saßen auch an der Tafel jenes Abends viele, die in dem Grafen von Paris ihren zukünftigen Herrscher sahen.

Unser demnächstiges Wiederkommen mit der Handarbeit, das die Herzogin so gütig vorausgesehen hatte, blieb aber aus, da sie gleich darauf erkrankte und dann abreiste, uns zuvor noch freundliche Grüße durch Fräulein von Bassewitz sendend. Zu diesen Sodener Erinnerungen gehört noch ein Besuch bei meinem Vetter, Otto Bismarck, der zu jener Zeit Bundestagsgesandter in Frankfurt war. Er empfing mich freundlich, und nachdem wir erst Kindererinnerungen geweckt, auch berührt hatten, wie unsere Lebenswege, besonders der meine, so ganz anders geworden, wie wir damals, wenn auch unbewußt, geglaubt hatten, rief er seine Frau, die ich noch nicht kannte. Obgleich ich bei ihrem Erscheinen das Urteil des Schulzen in Schönhausen: „von's schöne Geschlecht ist unsere junge Gnädige aber nicht", begreiflich fand, gewann sie doch, durch eigentümliche Freundlichkeit bald mein Herz.

Als wir einige Tage später im Sodener Kurgarten saßen, sahen wir in einiger Entfernung drei Personen auf uns zu kommen. Die Erscheinungen waren etwas auffallend: Ein großer Herr in nicht besonders elegantem grauen Mantel und großem Schlapphut; auf der einen Seite neben ihm eine Dame, groß, mit starken Gliedern, schwarzen Haaren und wenig harmonischer Toilette. Auf der anderen Seite eine Blondine, zart und fein, und bis auf die letzte Stecknadel elegant gekleidet. Wir erkannten bald Bismarck mit Frau und Schwester. Sie hatten uns einen Gegenbesuch machen wollen, und da sie erfuhren, daß wir im Kurgarten seien, waren sie uns dahin gefolgt. Wir reisten bald darauf ab, und ich habe Bismarck erst später in Berlin wieder gesehen.

Eine andere Reise wurde im Jahre 1867 von Schönrade aus nach Kreuznach unternommen. Alles, was in der Familie solbäderbedürftig war, schloß sich in Berlin an uns an, so daß die Karawane, inklusive Dienerschaft, zu 16 Personen anwuchs. Daß dies gerade zu unserer besonderen Belustigung gedient hätte, kann ich nicht behaupten. Es waren so ziemlich alle Altersstufen von 4–18 Jahren vertreten. Einige beteiligte Mecklenburger trugen aus Freundschaft für Hannover politische Geknicktheit zur Schau und nach dieser Seite hin erlebten wir Wunderbares. Clärchen fand in der Badeliste die Namen von Bekannten, mit denen sie gelegentlich eines früheren Besuches in Kreuznach freundschaftlich verkehrt hatte und hoffte auf Erinnerung des angenehmen Umganges. Aber die Hannoveraner blieben uns fern, und meine Vermutung, daß ich die unschuldige Ursache davon sei, bestätigte sich, da bei einer zufälligen Begegnung einer der Herren meiner Freundin erklärte, er könne unmöglich mit jemand in Verkehr treten, der den Namen Bismarck trage.

Ähnliches erlebte ich den Winter darauf in Montreux, wohin ich einen der Söhne des Wedemeyerschen Hauses, dem die Luft des Südens verordnet war, begleitete. Wir wohnten eine Zeitlang mit dem hannöverschen Minister von Hodenberg unter einem Dach. Sein kleiner vierjähriger Sohn hatte sich mit meinem um mehrere Jahre älteren Pflegling angefreundet. Er erschien öfters in unserer Stube, nahm auch Bonbons und dergleichen freundlich von mir an, was ihn aber nicht hinderte, vor unserer Tür ein Spottlied auf die Preußen anzustimmen, indem er sie mit sehr unparlamentarischer Benennung beschimpfte. Natürlich nahm ich von diesen Ständchen keine Notiz. Als der kleine Welfe sie aber im Garten unter unseren Fenstern fortsetzte, bat ich ihn doch, seine musikalischen Leistungen auf das Haus zu beschränken. Diese Reise in die Schweiz habe ich sehr genossen, und unvergeßlich ist mir der erste Ausblick aus meinem Fenster in Lausanne am Morgen, nachdem bis dahin auf der Reise strömender, jede Aussicht hemmender Regen unser treuer Begleiter gewesen war. Da lagen in hellem Sonnenschein und strahlender Schönheit der Genfer See und die Savoyer Alpen vor mir.

Mehrmals bin ich nachher noch in der Schweiz gewesen und empfinde noch jetzt oft eine förmliche Sehnsucht nach den schneebedeckten

Bergen, aber nun heißt es stille sein und auf die Berge schauen, von denen uns Hilfe kommt. Bald darauf zogen sich schwere, dunkle Wolken über dem Schönrader Hause zusammen.

Im Herbst 1869 war die schon lange leidende Hausfrau besonders elend, und die Ärzte bestimmten, daß sie den Winter im Süden zubringen solle. Mit schwerem Herzen entschloß sie sich dazu; mir ward die Aufgabe, dem ganzen großen Haushalt den Winter hindurch vorzustehen. Herr von Wedemeyer war im Abgeordnetenhause, also auch fast immer abwesend. Kinder, Erzieherin, Hauslehrer blieben mir überlassen. Dieser Gedanke war mir recht schwer, wenn er auch der scheidenden Hausfrau keine Sorge machte. „Habe Geduld mit der Mamsell," war eine ihrer wenigen Verhaltungsregeln, die sie mir gab, und diese Geduld hatte ich nötig, denn die sehr tüchtige Person, die vorzüglich kochte, legte es förmlich darauf an, mir das Leben schwer zu machen. Sie versorgte die Leute schlecht, gab ihnen an kalten Herbsttagen dikke Milch und Kartoffelsalat zum Abendessen und behauptete, ich hätte das so bestimmt. Ja, sie brachte während der kurzen Anwesenheit des Hausherrn gegen meine ausdrücklichen Anordnungen immer Dinge auf den Tisch, die er nicht essen mochte, und erst als Herr von Wedemeyer ihr einmal gründlich den Standpunkt klar gemacht hatte, nahm sie sich mehr zusammen. Daß sie trotz meiner geduldigen Bemühungen kurz vor der Rückkehr der Hausfrau kündigte, konnte ich ihr nicht einmal sehr übel nehmen, denn sie wollte heiraten und lud mich sogar zu ihrer Hochzeit ein.

Eine große Jagd, die Herr von Wedemeyer in diesem Winter gab, versammelte viele Gäste in Schönrade, unter ihnen auch den Kriegsminister von Roon. Er war schon öfters im Hause gewesen, und sein Kommen wurde daher mit besonderer Freude begrüßt. Alle Leute waren in einer gewissen gehobenen Stimmung. Mamsell ließ sich von dem aus Stettin beorderten Koch imponieren, und der kleine Diener Wilhelm, den ich ermahnte beim Aufwarten nicht wie ein beschlagenes Pferd zu trampeln, ging sogar auf den Zehenspitzen über den Hof.

Die Jagd war sehr ergiebig, und also alles vergnügt an der Tafel. Als einzige Dame und Vertreterin der Hausfrau hatte ich die Ehre, neben dem Minister zu sitzen. Wenn man die Scheu, die sein äußerlich strenges, ja fast finster erscheinendes Wesen einflößte, überwunden hatte, war er der heiterste, gemütlichste Mensch, den man sich denken konnte. Er erzählte bei jener Gelegenheit viel, machte in der lebhaften Unterhaltung auch einige Bemerkungen über die Reorganisation der Armee und sagte endlich: „Der Krieg mit Frankreich trifft uns nicht unvorbereitet." Auf meine etwas entsetzte Äußerung: „Exzellenz, Sie sprechen ja von einem Krieg mit Frankreich wie von einer ganz ausgemachten Sache," erwiderte er, die ihm eigene Anrede für Menschen, die er gern mochte, gebrauchend: „Mein Kind, ein Krieg mit Frankreich ist so sicher, wie wir beide hier zusammen sitzen." Wie wahr er gesprochen hatte, sollte sich ja bald zeigen. Vorläufig folgten aber für uns noch friedliche Tage. Die Nachrichten aus dem Süden lauteten befriedigend. Ich hatte zwar viel Arbeit, aber doch eine ganz behagliche Zeit, durch den Verkehr mit den Kindern und manchen gemeinsamen Scherz erhellt.

So war Anfang Dezember der Geburtstag der fernen Mutter. Ihr Gatte wollte sie zu diesem Tage besuchen, und wir hatten allerlei kleine Geschenke vorbereitet, deren Überbringer er sein sollte; er weigerte sich aber entschieden, auch einen Kuchen mitzunehmen. Ein Geburtstag ohne Kuchen – unmöglich! Da kam uns ein glücklich aushelfender Gedanke. Die Kinder besaßen einen Apparat, auf dem man an einer Spiritusflamme einen Baumkuchen backen konnte. Der Gedanke, ein solches kleines Gebäck für das Geburtstagskind zu bereiten, fand den Beifall des Hausherren so weit, daß er sich selbst nicht scheute, an dem Vergnügen des Backens teilzunehmen, was sich zu einem wahren Fest für die Kinder gestaltete, besonders in dem Gedanken, wie die Mutter sich doch freuen würde. Und darin hatten sie sich nicht verrechnet. Selten hat wohl ein großer Baumkuchen so helle Begeisterung erregt, wie dieser kleine, der in Seidenpapier gewickelt in einer Medizinflaschenschachtel die Reise nach Mentone machte.

126

Das Weihnachtsfest führte außer dem Hausherren auch seine auswärtigen Söhne, darunter den Studenten aus Heidelberg nach Schönrade zurück. Trauer über die Abwesenheit Clärchens, der Mutter und Herrin, der nicht nur die Kinder, sondern auch alle Dienstboten und die Dorfbewohner mit Liebe anhingen, breitete eine gewisse Wehmut über diese Weihnachtsfeier, konnte doch der Vater selbst bei der Andacht die Tränen nicht unterdrücken.

Sehr heiter gestaltete sich der Silvesterabend. Da ich fürchtete, Mamsell würde das ganze Dorf mit Pfannkuchen versorgen, wenn ich ihr freie Hand ließe und sich als gütige Geberin aufspielen, backten wir im Puppenkochofen zum großen Vergnügen der Kinder kleines Silvestergebäck, und der Hausherr braute einen leichten Punsch dazu, der die junge Gesellschaft in eine so frohe Stimmung versetzte, daß zum Klavierspiel der Erzieherin ein Tänzchen begonnen wurde, an dem zur allgemeinen Belustigung schließlich auch „Mummschen" teilnahm, die eigentlich Frau Müller hieß und als Kinderfrau seit 20 Jahren im Hause war. Niemand von uns ahnte, daß dies auf Jahre hinaus der letzte fröhliche Silvesterabend im lieben Schönrade sein sollte, und daß im Laufe des so heiter begonnenen Jahres Totenglocken erklingen und für lange, lange Zeit Schmerz und Kummer in dem bisher so glücklichen Hause einläuten würden.

Ende Mai sollte Frau von Wedemeyer heimkehren. Als der Tag ihrer Ankunft bestimmt war, wurde alles in Schönrade auf das glänzendste zu ihrem Empfange gerüstet. Eine Ehrenpforte war in der Dorfstraße erbaut, überall hatten die Leute Girlanden geflochten und die Straße dekoriert, da brachte ein Telegramm die Nachricht, daß Clärchen in München an Erkältung krank liege, die sie sich durch eine kalte Nachtfahrt über den Brenner zugezogen hatte. Endlich am 7. Juni 1870 konnte sie durch die, freilich nach acht Tagen nicht mehr so schöne Ehrenpforte einziehen. Die Dorfleute begrüßten die geliebte Herrin am Abend durch Gesang und Fackelzug. Wir aber spürten doch schmerzlich, wie die Rückkehrende nicht ganz geheilt uns wiedergegeben war.

Wenige Wochen darauf erfolgte dann die Kriegserklärung, die alles im Hause in begreifliche Aufregung versetzte. Noch muß ich eines furchtbaren Schrecks gedenken, den ich am Abend des Tages, der uns diese große Botschaft brachte, erlebte. Der in den Ferien anwesende zweite Sohn des Hauses war mit seinem jungen Vetter, demselben, der mir die erhaltene Ohrfeige so herzlich dankte, ausgegangen, um einen Rehbock zu schießen. Nach einigen Stunden begegnete ich diesem Vetter allein im Hausflur. Kreideweiß und an allen Gliedern zitternd sagte er mir: „Es ist ein großes Unglück geschehen!" „Was denn?" rief ich erschrocken und begreiflicherweise glaubend, er habe den Sohn des Hauses erschossen. „So sage doch nur, was ist geschehen?" Drei-, viermal erhielt ich von dem ganz Verstörten immer dieselbe Antwort: „Ein großes Unglück!" Endlich als ich ihn heftig schüttelnd rief: „Mensch, was ist geschehen?" sprach er fast tonlos: „Ich habe ein Ricke geschossen!"– Der Onkel verstand freilich in Jagdangelegenheiten keinen Spaß mit den jungen Leuten, und das Erlegen eines weiblichen Rehes war eine jagdliche Todsünde. Diesmal milderte mein Bericht über den gehabten Schreck den Zorn des Hausherrn über den zerknirschten Übeltäter.

In den folgenden Tagen wurde Werner aus Heidelberg zurückgerufen und trat als Freiwilliger in das 12. Dragonerregiment. Vorerst blieb er zu seiner Ausbildung in der Garnison Frankfurt a. O. zurück. Am letzten Abend seines Aufenthaltes im elterlichen Hause war er in der fröhlichsten Stimmung.

Zur Mitarbeit in dem Barackenlazarett berufen, kehrte ich nach Berlin. zurück. Das ganze Elend der Krieges, das mir hier so nahe trat, lag den Lieben in Schönrade, Gott sei Dank, noch fern. Sie verstanden oft die trübe Stimmung nicht, die aus meinen Briefen sprach, für sie war der Krieg noch weit fort – in Frankreich. Auch Werner drohte noch keine Gefahr. Aber Mitte September sagte mir ein Telegramm, daß er dem Regiment nachgehen würde. Er schrieb mir dann voller Freude, daß er an einem bestimmten Tage auf dem Schlesischen Bahnhof eintreffen werde. Es glückte mir, mich im Lazarett zu beurlauben und ihn auf dem

Bahnhof zu erwarten. Von Freude verklärt, in jugendlicher Frische, sein Pferd an der Hand führend, entstieg er dem Viehwagen. „Sieh doch nur das schöne Pferd, das mir Papa geschenkt hat!" Das waren seine ersten Worte, als er mir um den Hals fiel. Er mußte dann zwar seinem Truppenteil folgen und war irgendwo einquartiert, versprach aber gleich, sobald als möglich zu mir zu kommen. Er blieb einige Tage in Berlin. Da mir die Pflicht für ihn zu sorgen, die nächste schien, gelang es mir, mich für diese Zeit von der Lazarettarbeit frei zu machen, und so brachte er den größten Teil des Tages in meiner Wohnung zu, die ich damals noch mit Tante Lottchen teilte. Außer der Sorge für sein Pferd hatte er keinen Dienst. Wir machten verschiedene Einkäufe für seine Ausrüstung. Auch zu einem Photographen ging ich mit ihm, um noch ein Bild von ihm machen zu lassen. Die Äußerung des Photographen: „Lassen Sie doch ein recht großes Bild machen, man weiß ja nicht, was geschehen kann," berührte mich sehr schmerzlich, doch blieb es bei dem kleinen Bilde, ich zwang mich ja, an keine Gefahr zu denken. Zunächst war der Tag seiner Abreise unbestimmt, dann aber benachrichtigte mich ein Telegramm eines Morgens, daß er am Nachmittag um 3 Uhr vom Anhalter Bahnhof abreisen müsse. Natürlich ging ich hin. Ich fand Werner schon dort. Er machte mir aus Decken und verschiedenen Utensilien einen Sitz zurecht, und wir blieben wohl noch eine halbe Stunde beisammen.

In freundlicher Weise beteiligte sich Werner an der Verteilung von Liebesgaben, die Damen gebracht hatten, nahm selbst noch einige Zigarren und etwas Schokolade an und kehrte inzwischen immer wieder zu mir zurück. So kam der Augenblick des Abschieds. Ich konnte die Tränen nicht zurückhalten, da er mich weinen sah, sagte er: „Weine doch nicht, ich komme ja wieder." Ja, wieder gekommen ist er, aber freilich so ganz anders; auf derselben Stelle habe ich ihn in seinem Sarge empfangen.

Die Herbstmonate bis zum Dezember vergingen unter viel Aufregung und Angst. Werner hielten wir gewissermaßen für geborgen, da er zunächst vor Metz lag, und seine Briefe ihn immer gesund und froh schilderten. Er schrieb von Jagden, die die Offiziere in den Ardennen mitmachten, und an denen auch er, als eifriger Jäger mit viel Freude teilnahm. Die Schlacht bei Orleans, wo später sein Regiment beteiligt war, versetzte uns in neue Sorge. Es vergingen mehrere lange Tage, ohne Nachricht. Eines Abends hatte ich mich, erschöpft von der Angst um Werner und ermüdet von der Arbeit in den Baracken, früh zur Ruhe gelegt, da erschien sein Vater vor meinem Bette und rief: „Sie müssen sich nun doch noch freuen, Ihr Junge lebt ja und ist gesund!"

Mit innigem Dank gegen Gott schlief ich nach vielen Tagen zum ersten Male wieder ruhig ein. Dann kam die Nachricht, daß ihm bei einer Rekognoszierung sein schönes Pferd erschossen sei, und endlich am 17. Dezember die Trauerbotschaft, daß er am 7. desselben Monats in die ewige Heimat abberufen war. Ich möchte an dieser Stelle den letzten Brief Werners an seine Eltern einfügen:

„2. Dezember 70.

Geliebte Eltern! Endlich komme ich dazu, wieder einmal einen Brief zu schreiben und Euch einen ausführlichen Bericht über mein Ergehen zu geben. Ich will mit dem 28. November anfangen. Den Morgen um ¼7 wurden wir alarmiert und rückten über Pithiviers vor, wo wir mit der Division einige Stunden warteten. In der Ferne, in der Richtung des X. Korps hörte man Schüsse. Nichts Ungewöhnliches. Indessen kam keine genaue Nachricht. Am Mittag rückten wir auf der Chaussee gegen Boynes ungefähr ½ Meile vor und warteten weiter. Als der Kanonendonner stärker wurde, wurde der Leutnant von Lützow mit 5 Mann (darunter ich) vorgeschickt, um das X. Korps aufzusuchen und Meldungen zurückzuschicken. Wir trabten ein starke Meile über Boynes nach Barville vor und bogen dann rechts ab, wo wir bei Beaune deutlich den Pulverdampf aufsteigen sahen. Wir ritten an der Kavalleriedivision Hartmann vorbei, neben der eine Batterie unaufhörlich feuerte. Vom

130

Feinde war aber noch nichts zu sehen. Da sahen wir vor uns zwischen einigen Gehöften sich eine Infanteriekolonne lang ziehen, an die wir bis auf 300 Schritt heranritten in dem Glauben, Preußen vor uns zu sehen. Da erst erkannten wir an den langen Röcken und dem Fehlen der blanken Helme Franzosen. In demselben Augenblick waren wir aber auch erkannt, und die ganze Gesellschaft entlud ihre Chassepots auf uns 6 Mann, die wir natürlich in gestreckter Karriere zurückjagten. Jeder lag auf dem Hals seines Pferdes, und es ist fast ein Wunder, daß uns keine einzige Kugel traf. Ich war jeden Augenblick darauf gefaßt. Dann mußten wir in einem weiten Bogen herumreiten, wo wir glücklich auf das X. Korps und namentlich auf einige Batterien stießen. Ein Stabsoffizier diktierte einen Bericht über den Gang des Gefechts, den ein Dragoner zurücktrug. Ich blieb mit Lützow da. Die Franzosen hatten angegriffen in bedeutender Anzahl und suchten das X. Korps zu flankieren. Sie waren schon an Beaune vorbei vorgedrungen, wo wir auf sie gestoßen waren. In Beaune selbst hielt sich das 16. Regiment. Anfangs waren wir zurück gedrängt worden, in dem Moment jedoch, wo wir (d. h. Lützow und ich) ankamen, war die Infanterie schon wieder im Vorgehen begriffen. Ich sah über eine Stunde lang dem Artilleriekampfe zu, was höchst interessant war. Unsere Artillerie ist wirklich famos."

„Fortsetzung den 5. Dezember. Beim Briefschreiben wurde ich durch Alarm gestört. Wir sind noch am Abend in bitterer Kälte ausgerückt in der Richtung auf Pithiviers. Am 3. Dezember früh Aufbruch. Am Mittag stießen wir auf den Feind bei Santeau, wo vor acht Tagen meine Braune totgeschossen ist. Fortwährendes Feuer und Avancieren auf Orleans. Sehr geringer Verlust. Vom 3. auf den 4. Dezember Biwak. Am 4. Dezember früh Weitermarsch. Gestern abend 10 Uhr in Quartier gekommen in einem Dorf an der Loire, oberhalb Orleans, dessen Türme man deutlich sieht. 5. Dezember: Alles ist marschbereit, wir warten auf das Signal zum Ausrücken."

„Den 5. Dezember: Meine liebe, liebe Mama! In aller Eile und Kürze muß ich Dir meine Glückwünsche darbringen. Ach könnte ich nur auf einige Stunden am 11. Dezember zu Hause sein, um Dich Auge in Auge zu sehen und Dich so recht umarmen zu können. Möge Gottes reichster Segen in Deinem neuen Lebensjahr über Dir walten, möge uns allen ein frohes Wiedersehen beschieden sein. In Gedanken küßt und umarmt Dich, meine geliebte Mutter, Dein gehorsamer Sohn

Werner."

Dieser Brief gelangte erst nach dem Tode des Sohnes in die Hände der Eltern.

Professor Ulrich Fischer hat in einer der 50-jährigen Jubelfeier des Gymnasiums zu Treptow a. Rega gewidmeten Festschrift das Leben von 12 ehemaligen Schülern geschildert, welche 1870/71 für das Vaterland gestorben sind. Unter ihnen Werner von Wedemeyer.

Über dessen beide letzte Lebenstage erzählt Professor Fischer in schlichter, ergreifender Weise:

„Am 5. Dezember kamen die 12. Dragoner nach St. Denis de l'Hôtel. dicht östlich von Orleans, in Quartier. Hier bot Leutnant Freiherr von Bothmer seinem Vetter Wedemeyer an, sein Quartier mit ihm zu teilen, dafür aber das Essen zu bereiten, da er noch für die Verpflegung der Eskadron sorgen müßte. Als Bothmer 6 Uhr abends aus dem Dienste kam, fand er Werner von Wedemeyer in seinem Quartier vor, der eigenhändig zwei Enten geschlachtet und gebraten hatte. Gemeinschaftlich verzehrten sie diese und blieben den Abend in traulichem Gespräch zusammen. Hierbei teilte Bothmer dem Vetter mit, daß der Eskadronchef, Rittmeister Krell, ihn wegen seines Verhaltens bei Santeau zum Eisernen Kreuz eingegeben habe. So groß hierüber auch die Freude Wedemeyers war, so war er doch zu sehr gewöhnt, an sich die höchsten Anforderungen zu stellen, daß er sofort erklärte, diese Auszeichnung noch nicht verdient zu haben, sie sich aber unter allen Umständen zu verdienen. Am Abend spät kam noch der Leutnant Graf von der Schulenburg, der kein anderes Quartier finden konnte, und blieb die Nacht dort. Diesem übergab Wedemeyer den Brief, den er am 2. Dezember begonnen und in diesem

132

Quartier am 5. beendet hatte, zur Besorgung, da er meinte, daß die Offiziere eher Gelegenheit hätten, die Briefe der Post zu übergeben, als er. In der Nacht teilten die beiden Vettern das einzige Bett, das vorhanden war, so daß sie an Werners vorletztem Lebenstage wieder vereint waren, wie einst in den glücklichen Kinderjahren von Schönrade.

Um die Heeresbewegungen der Franzosen östlich von Orleans, wohin Teile des geschlagenen französischen Heeres zurückgegangen waren, festzustellen, befahl Prinz Friedrich Karl, daß das III. Armeekorps auf dem rechten Loireufer in der Richtung aus Gieu und Montargis vorstoßen sollte. Infolge dieses Befehles schob der kommandierende General von Alvensleben am 6. Dezember die 5. Division in die Linie St. Aignan des Gués und Chateauneuf vor. In diesem letzteren Orte lag die Kavalleriedivision Hartmann, so daß Werner von Wedemeyer an seinem letzten Lebenstage den Oberinspektor aus Schönrade, Rothbarth traf, der als Unteroffizier der Reserve zum 2. Pommerschen Ulanenregiment Nr. 9 eingezogen war. Etwa eine Stunde lang konnten sie ihre Kriegserlebnisse aus tauschen, dann trennte sie der Dienst wieder, da die Schwadron Wedemeyers in St. Aignan lag.

Am 7. Dezember morgens um 8½ Uhr brach die Avantgarde (1. Schwadron Dragonerregiments Nr. 12, Leibgrenadierregiment Nr. 8 und 2. leichte Batterie) unter Oberst v. l'Estocq aus St. Aignan auf; den Avantgardenzug, bei dem sich Wedemeyer befand, führte Leutnant Freiherr von Bothmer. Das Gelände war für Reiterei ungünstig, rechts die Loire und links Wald und Höhen, so daß man dauernd durch Wegeengen marschieren mußte. Aus Gehöften und Gebüschen erhielt der Avantgardenzug von Mobilgarden Feuer. Der Wald von Ouzouer an der Loire wurde von Feinden gesäubert und vor dem Ort gegen 12 Uhr mittags ein kurzer Halt gemacht. Hier schickte der Rittmeister Krell den Leutnant v. Bothmer mit einer Patrouille in die linke Flanke und an seiner Stelle den Leutnant v. Lützow als Führer des Avantgardenzuges gegen Ouzouer vor. Bei diesem Wechsel wußte es Wedemeyer so einzurichten, daß er wieder in den Avantgardenzug kam. Drei Mann als äußerste Spitze trabten vor, ihnen folgte in kleinem Abstand der Leutnant v. Lützow mit 7 Mann, unter denen Wedemeyer war. Da die vordersten 3 Dragoner, ohne Feuer zu bekommen, in den Ort hineinritten, so folgte ihnen Lützow. Sobald dieser mit seinen 7 Leuten in das Dorf hineingekommen war, erhielt er aus allen Häusern und Straßen Feuer, der westliche Eingang wurde mit Wagen gesperrt und von hier aus auf die nachrückende Schwadron geschossen, die infolgedessen nicht in den Ort hineinkommen konnte. Da ein Umdrehen nicht mehr möglich war, befahl Lützow durch das Dorf zu jagen und links herum den Anschluß an die Schwadron wieder zu gewinnen. Es war ein Ritt auf Leben und Tod, was die Pferde laufen konnten. Bis in die Mitte des Dorfes in der Nähe der Kirche, wo auf einen freien Platze ein Ziehbrunnen war und ein chaussierter Weg nordwärts von der Straße abzweigt, war Wedemeyer unmittelbar neben Lützow galoppiert und hatte den Ziehbrunnen übersprungen, als ihn das tödliche Blei ungefähr 12½ Uhr mittags traf. Das Geschoß war ins Genick hinein- und vorn aus dem Munde herausgegangen, wobei es die große Schlagader durchschlagen hatte. Der Dragoner Berg, der unmittelbar hinter ihm galoppierte, sah, wie er vornüber vom Pferde fiel, und hatte den Eindruck, daß er sofort tot gewesen sei. Die 3 Mann Spitze sind mit ihren Pferden heil durch den Ort gekommen, von den sieben andern sind außer Wedemeyer noch 3 Dragoner gefallen, nur einer ist mit und zwei Mann ohne Pferde heraus gekommen, den Leutnant v. Lützow trug sein Pferd, trotzdem es drei Schüsse durch den Leib erhalten hatte, noch heraus, dann brach es zusammen.

Sobald das Feuer von den Franzosen eröffnet war, protzte die Avantgardenbatterie ab und bewarf Ouzouer mit Granaten, während das Leibgrenadierregiment Nr. 8 gegen das Dorf vorging und bald nach 1 Uhr nachmittags die Franzosen heraus warf und bis Nevoy verfolgte, wo die Franzosen längeren Widerstand leisteten; deshalb wird amtlich dies Gefecht am 7. Dezember bei Nevoy genannt. Die Leiche Werner v. Wedemeyers fand man unmittelbar neben dem Ziehbrunnen; Säbel, Revolver, Geldbörse und die neuen Stiefel, die er am 15. November aus der

Heimat erhalten hatte und erst seit einigen Tagen trug, hatten ihm die Franzosen genommen, die Uhr und die Geldtasche um den Hals nicht. Krell ließ die Leichen in eine Scheune bringen, von wo sie am nächsten Morgen, dem 8. Dezember, von dem etatmäßigen Stabsoffizier im 12. Dragonerregiment, Major v. Heydebreck, abgeholt und mit einem Vizefeldwebel vom Leibgrenadierregiment in Dampierre, ungefähr 3 km südöstlich von Ouzouer, begraben wurden. Um Wedemeyers Sarg und Grab kenntlich zu machen, hatte der jüngste Sohn des Kriegsministers von Roon, Leutnant im 12. Grenadierregiment, den Sarg in Leinewand wickeln lassen und über dem Grabe ein Holzkreuz mit Namen und Todestag errichtet.

Noch am Todestage, einem Mittwoch, erfuhr Rothbarth den Heldentod Wedemeyers durch den Major v. Heydebreck, der früher Rothbarths Rittmeister gewesen war. Er wie Bothmer teilten den Eltern das traurige Ereignis mit, und Rothbarth bemühte sich, Urlaub zu erhalten, um die Leiche nach Hause zu bringen. Der Urlaub wurde ihm abgeschlagen mit dem Bemerken, daß dieser nur auf Antrag der Familie entweder bei dem Kriegsminister oder dem Regimentskommandeur Rothbarths erteilt werden könne. Deshalb wandte sich am 18. Dezember der Vater Wedemeyers an den Kriegsminister mit der Bitte „daß der Unteroffizier Rothbarth beurlaubt werde, um den Transport der Leiche zu bewerkstelligen; in der Hoffnung, daß dies ohne Schädigung des königlichen Dienstes geschehen könne, und natürlich nur unter dieser Voraussetzung."

Die Antworten des Kriegsministers v. Roon zeigen ihn in so menschlich schönem Lichte, daß sie auch an dieser Stelle ihren Platz finden sollen. Der erste Brief aus Versailles, den 22. Dezember 1870, lautet:

„Verehrter, lieber Freund!
Ihr ausführliches und angenehmes Schreiben d. d. Berlin vom 16. ließ nur eins vermissen: Mitteilungen über die Ihrigen, namentlich Ihre verehrte Frau Gemahlin. Mit diesem Bemerken wollte ich heute an die Beantwortung gehen, als ich am frühen Morgen Ihre Trauerbotschaft

vom 18. aus Schönrade empfing. Seitdem habe ich, um Ihren Wünschen zu genügen, an das 9. Ulanenregiment geschrieben und angeordnet, daß Unteroffizier Rothbarth beurlaubt und mit dem Transport der irdischen Reste Ihres im ehrenvollen Kampfe für das Vaterland gefallenen teuren Erstgeborenen beauftragt, auch mit den dazu erforderlichen Mitteln auskömmlich ausgestattet werde; die erforderlichen Legitimationspapiere und Eisenbahnrequisitionen habe ich beigefügt. Indem ich auf diese Weise Ihrem traurigen Auftrage so prompt als möglich entsprochen habe, glaube ich darauf hinweisen zu müssen, daß immerhin einige Tage bis zur Ankunft meines Briefes beim Regiment und sodann bei der Überfüllung der Eisenbahnen aus dem Kriegsschauplatz wohl noch eine Woche bis zur Ankunft des lieben Heimgegangenen an seinem irdischen Heimatsorte vergehen werden, wiewohl ich von Herzen wünschen möchte, daß die Zeit des Harrens und Erwartens für Sie und Ihre arme Frau Gemahlin möglichst abgekürzt werden möchte. Dann erst, wenn der liebe Leichnam dort ruhen wird, wohin Sie ihn bis zur fröhlichen Auferstehung betten wollen, werden Sie und die arme Mutter auch erst den Grad von Ruhe wieder finden, der nach so schmerzlichem Verlust – wie ich ja aus ganz frischer, eigener Erfahrung weiß,[1] – sich so schwer wiederfinden läßt. Sie, mein teurer Freund, sind ja ein Mann und ein Patriot und was mehr als beides zu achten – ein Christ; Sie werden daher den Ihnen und Ihrem Hause auferlegten Schmerz mit Gottes Hilfe verwinden, wenn auch die Wunde noch lange nachblutet. Aber auch zu Ihrer verehrten Frau Gemahlin habe ich das feste Zutrauen, daß sie, wie meine arme Frau, den schmerzlichen, ja unersetzlichen Verlust um Gottes, um des Vaterlandes willen ertragen lernen wird. Wir sind ja unsere Kinder, besonders die wohlgeratenen, als Gottes Kinder zu betrachten angewiesen, und müssen Ihm, unter Danksagung für alle Freude, die Er uns durch sie bereitet, wiedergeben, was Sein ist, was Er uns geliehen. Und wenn wir Eltern uns, beim Hinausziehen der Söhne in diesen

---

1 Des Kriegsministers zweiter Sohn Bernhard war als Hauptmann und Batteriechef im Garde-Feldartillerieregiment bei Sedan gefallen.

136

gebotenen, uns aufgenötigten blutigen Krieg sagen mußten und gesagt haben, daß wir die teuren Häupter unsrer lieben Kinder damit dem Vaterlande weihten, so dürfen wir uns wohl grämen, aber nicht sträuben, wenn aus solcher Weihe ein Opfer, ja ein schmerzliches Opfer wird. Ja, mein lieber Freund, weh, sehr wehe tut es dennoch, und alle Worte darüber sind wohl eitel. Daher schäme ich mich der Träne nicht, die ich, indem ich dies schreibe, im eigenen Leid, wie im herzlichen Mitleid mit dem Ihrigen, im Auge fühle. Tröste Sie Gott! Menschen vermögen dies nicht. – Es macht mir eine wehmütige Freude, daß mein jüngster Sohn, der nach der Heilung seiner bei Saarbrücken empfangenen Wunde seit mehreren Wochen wieder vor dem Feinde steht, Ihrem Sohn den Liebesdienst erweisen konnte, dessen Sie gedenken. Dies ist zugleich die erste sichere Nachricht, daß er bis vor kurzem noch wohlauf war und die Kämpfe an der Loire glücklich überstanden hat.

Mein ältester und mein dritter Sohn, die gestern bei einem neuen heftigen Ausfall aus Paris, der wie alle früheren siegreich zurückgeschlagen wurde, im Feuer waren, sind hoffentlich unversehrt geblieben; von meinem Schwiegersohn Wißmann, der mit der Gardedragonerbrigade zu Manteuffel nach der Normandie detachiert, habe ich lange keine Nachricht, seit dem 6. d. M. nicht.

Die Beantwortung auf Ihren lieben freundlichen Brief aus Berlin muß ich mir heute vorbehalten, so dankbar ich auch dafür bin. Aber ich schreibe Ihnen nächstens, d. h. sobald ich von Rothbarths Regiment Antwort haben werde. Indem ich Ihnen und Ihrer verehrten Gemahlin herzlich die Hand drücke, bleibe ich in aufrichtig freundschaftlicher Ergebenheit

Ihr
v. Roon."

Der zweite Brief ist vom 6. Januar 1871 ebenfalls aus Versailles:

„Mein teurer und sehr lieber Freund!

Das durch die Damen veranlaßte Mißverständnis in betreff des vermeintlich schon durch meinen Sohn veranlaßten Transports ist nun wohl aufgeklärt. Ich erhielt darüber bestimmte telegraphische Meldung, daß mein Sohn nichts veranlaßt habe, weil er keinen Auftrag dazu erhalten; mittlerweile war er 8–9 Meilen von Dampierre verschoben. Um so begieriger war ich auf den Erfolg meiner Ihren Wünschen entsprechenden Anordnung wegen des Transportes durch Rothbarth. Das 9. Ulanenregiment war gleichfalls weiter nach Westen gerückt, und wir erfuhren vor einigen Tagen, daß es mit Königinkürassier dem Feinde in der Nähe von Vendôme 4 Geschütze genommen. Mir wurde daher bange, ob mein Brief etwa nicht angekommen sei. Zu meiner Freude erhalte ich das eben eingehende Telegramm auf meine telegraphische Anfrage. Und danach wird Rothbarth jetzt bereits unterwegs nach der Heimat sein.

Diese Zeilen schreibe ich Ihnen, mein geliebter Freund, mit zitternder Hand, denn ich laboriere wieder einmal an einem meiner abscheulichen katarrhalischen Zustände und habe das Haus innerhalb der letzten 14 Tage nur einmal, am Neujahrstage, verlassen und die Krankheit dadurch törichterweise verschlimmert. Bin es aber einmal gewöhnt, dem Könige zu Neujahr meine Glückwünsche persönlich darzubringen. An diesem Tage wurde denn auch der Beginn der Beschießung der Südseite von Paris definitiv auf den 4. d. M. festgesetzt. Der Nebel, den Gott an diesem Tage schickte, verschob die Ausführung bis auf gestern, und nun brummen wir so gründlich, daß Fort Issy schon mundtot gemacht fein soll, und unsere Verluste sind bisher mäßig: 3 Offiziere verwundet, darunter 1 schwer, 4 Kanoniere tot und einige, wiewohl schwerverwundet. Das Feuer schwieg gestern während zweier Stunden, weil ein Parlamentär aus Paris heraus wollte: wahrscheinlich Diplomaten, die heraus wollen, weil es ihnen drinnen jetzt ungeheuerlich wird. Nach bisher unverbürgter Sage soll es gestern an zwei Stellen in Paris gebrannt haben; es kön-

138

nen nur verirrte Kugeln gewesen sein, denn bis jetzt sind nur die Forts unser Objekt. –

Sie können sich kaum vorstellen, mit welcher Freude hier von der Zernierungsarmee diese Tatsache der Beschießung begrüßt worden ist. Der Jubel darüber ist in allen Reihen bis auf die Trainsoldaten herunter. Ich bemerke, daß ich, der ich immer zu den „Schießern" und nicht, wie von dem vulgären Witz, unter Verstellung zweier Buchstaben, zu der so bezeichneten anderen Partei gehört habe, mich in dieser Beziehung um so weniger täusche, als ich vor meinem Einbleiben überall nur der größten Verstimmung, wenn nicht Erbitterung wegen der scheinbar verzagten Verschleppung der Angelegenheit begegnet bin. Übrigens ist es ein Irrtum, wenn, wie hier und da in Zeitungen angedeutet worden, man gemeint haben sollte, als wäre der König gegen die Beschießung gewesen; vielmehr sind nur seine Befehle unter allerlei Entschuldigungen nicht ausgeführt worden. Endlich wurde mir aufgetragen, die als unüberwindlich dargestellten Schwierigkeiten wegzuräumen, und nun geht alles, was schon vor 8–10 Wochen gegangen wäre, wenn man nicht die Pferde absichtlich oder aus Unverstand hinter den Wagen gespannt hätte. Dies bemerke ich nicht aus Ruhmredigkeit, sondern nur in der Absicht, die aus Unkenntnis der Ressortverhältnisse dem Kriegsminister seitens des Publikums aufgebürdete Mitschuld von meinen Schultern zu werfen. Wenn ich Ihnen, mein geliebter Freund, in Ihrer väterlichen Wehmut von solchen Dingen allgemeinen Interesses spreche, so brauche ich mich deshalb gewiß nicht zu entschuldigen, weil Ihr väterlicher Schmerz, Ihr aufgedrungener Verzicht auf schöne Hoffnungen und Lieblingspläne gewiß fern ist von aller Sentimentalität. Nichts wäre daher ungerechter, als anzunehmen, daß bei Ihnen das väterliche das vaterländische Interesse ganz verdrängt hätte. Man ist geneigt, andere nach sich selber zu beurteilen. Wenn mir freilich in einer einsamen Dämmerungsstunde die Trauer um meinen braven Jungen in die Kehle steigt, so ist bloß mein dürres Alter schuld, daß mir das Wasser nicht aus den Augen läuft; die Neigung zum Weinen wäre wohl da. Allein was hilft's! Das Leben hat sein Recht an uns und der Tag seine Forderungen. Und das ist ein großes Glück, in dem wir Männer den armen Frauen mit geringeren Geschäften weit voraus sind. –

Meine Frau hat mir die Briefe von dem lieben Fräulein von Bismarck mitgeteilt, und ich habe daraus ersehen, daß Ihre verehrte Gemahlin so tapfer an ihrem Verlust trägt, wie es nur ein frommes Herz vermag. Küssen Sie Ihr von meinetwegen die Hände! Möchten Sie beide und Ihr Haus recht bald die Befriedigung erfahren, die Ihnen die Hinführung der Reste Ihres jungen Helden gewähren wird.

In treuer freundschaftlicher Ergebenheit

Ihr

v. Roon."

Am 29. Dezember erhielt Rothbarth den Auftrag des Kriegsministers vom 22. Dezember in Tours auf dem Regimentsgeschäftszimmer, ließ sich 200 Taler Vorschuß zahlen und reiste am 30. über Blois nach Orleans, wo er am 31. Dezember ankam. Hier kaufte er einen Zinksarg, Lötzeug und einen dazu passenden Holzkasten, erhielt durch einen bayerischen Offizier ein Pferd und einen zweirädrigen Wagen, mit dem er sich am 2. Januar 1871 nach Dampierre auf den Weg machte. Nur bis Chateauneuf an der Loire standen deutsche Soldaten, die 25 km lange Strecke bis Dampierre lag außerhalb des Machtbereichs der Deutschen und innerhalb der Wirksamkeit der Franktireurs. Zwischen 9 und 10 Uhr abends kam Rothbarth dort an, ging zum Geistlichen des Ortes, der ihn freundschaftlich aufnahm und ihn und sein Pferd verpflegte, auch Leute zum Ausheben der Leiche besorgte. Das Grab mit dem Kreuz und Namen war bald gefunden und der Sarg bloßgelegt. Da er völlig im Wasser stand, hatte sich um die Leiche viel Schmutz gelegt, der durch Begießen mit reinem Wasser abgespült wurde. Etwa um 11 Uhr war die Leiche gereinigt und blieb bis 1 Uhr in der starken Kälte von 10–12° R liegen, so daß sie vollständig durchfror. Dann legte sie Rothbarth in den Zinksarg, den er zulötete, und stellte ihn in die Holzkiste. Bei dem hellen Vollmond hatten sich schließlich einige 30 Blusenmänner auf dem Kirchhof angesammelt, die unbequeme Redensarten führten, sich aber durch Zigarren und Kognak, womit sich Rothbarth für diesen Zweck in Orleans reichlich versehen hatte, in eine friedliche Stimmung bringen ließen, so daß sie alle gern behilflich waren, den Sargkasten nach dem Pfarrhaus zu tragen und dort auf den Wagen zu heben. Nach kurzem Imbiß bei dem Pfarrer, der trotz der Kälte während der ganzen Arbeitszeit auf dem Kirchhof ausgehalten hatte, fuhr Rothbarth gegen 3 Uhr morgens am 3. Januar von Dampierre ab und kam 8 Uhr morgens in Orleans auf dem Bahnhofe an.

Hier stand ein Zug mit Verwundeten zur Abfahrt nach Pithiviers bereit; schnell wurde der Kasten von herumstehenden Soldaten hineingeschoben, Pferd und Wagen den Soldaten übergeben, dann setzte sich der von Pferden gezogene Zug unter Bedeckung von Kavallerie in Bewegung. Als er abends 9 Uhr in Pithiviers angekommen war, schien jede Möglichkeit weiterzukommen ausgeschlossen, bis Rothbarth am nächsten Tage einen Marketender entdeckte, der mit leeren Fässern und Kisten nach Lagny bei Paris fahren wollte. Durch Geld und gute Worte ließ dieser sich bereden, einige Fässer und Kisten von seinem Wagen herunter zu werfen und dafür die Leichenkiste aufzuladen. Kaum waren sie unterwegs, als ein furchtbares Schneetreiben begann, so daß sie erst abends 10 Uhr in Lagny ankamen. Hier wollten die Bahnbeamten nichts von einer Weiterbeförderung wissen, aber Rothbarth gelang es mit Hilfe namentlich des Packmeisters, dem er sein Leid geklagt hatte, den Leichenkasten unvermerkt in den Packwagen des um 5 Uhr morgens am 6. Januar abgehenden Schnellzuges einzustellen, der ihn in einem Tage bis Straßburg brachte. Hier wurde alles Gepäck aus dem Packwagen geschafft; auf Anraten des Packmeisters blieb Rothbarth mit seiner Kiste im Wagen, der bald wieder geschlossen und mit nach Baden-Baden genommen wurde. Hier entdeckte man den blinden Passagier, nahm ihn aber doch gegen Erlegung der Fracht bis Frankfurt a. M. mit. Da hier die Geldmittel nicht mehr ausreichten, drahtete Rothbarth an Fräulein

v. Bismarck um Geld, das bald darauf angewiesen wurde, so daß er die Fahrt nach Berlin antreten konnte.

Am 8. Januar abends 11 Uhr kam er auf dem Anhalter Bahnhof an, wo Fräulein v. Bismarck die Leiche empfing. Am nächsten Morgen, den 9. Januar, ging die Fahrt vom Ostbahnhofe nach Friedeberg, wo ein Leichenwagen, mit den vier Rappen des Vaters bespannt, bereit stand. Fast alle Schönrader waren nach Friedeberg gegangen und begleiteten mit Fackeln den Leichenzug, der gegen 4 Uhr nachmittags in Schönrade ankam.

Als vor 6 Monaten beim Ausbruch des Feldzuges Rothbarth und Werner v. Wedemeyer gemeinschaftlich aus Schönrade abfuhren, um zu ihren Regimentern zu gehen, hatte Frau v. Wedemeyer, als schon die Pferde anzogen, dem Oberinspektor nachgerufen: „Rothbarth! bringen Sie mir meinen Werner wieder!" Er brachte ihr jetzt ihren Werner wieder, aber wie –!

Die Leiche wurde in die Kirche gebracht und vor dem Altar aufgestellt, der Zinksarg geöffnet und die Leiche von dem Vater und der ältesten Schwester in einen neuen Sarg gelegt. Die alte Kinderfrau, die noch immer im Hause war, aber recht krank im Bette lag, weinte bitterlich, daß sie, die ihn zuerst in die Wiege gebettet, ihn nicht in den Sarg legen konnte. Am 12. Januar fand die kirchliche Trauerfeier unter starker Beteiligung der Nachbarschaft noch bei offenem Sarge statt, der dann geschlossen und nach dem Familienfriedhof getragen wurde, wo ein Grab ausgemauert war auf blauem Grunde mit goldenen Sternen und der Inschrift: „Samen gesäet für die Auferstehung zum ewigen Leben." Nachdem der Sarg hinabgelassen war, wurde das Grab vermauert und später mit einem Grabstein zugedeckt, auf dem die Sprüche stehen Weisheit 4, 14: „Seine Seele gefällt Gott, darum eilet er mit ihm aus dem bösen Leben", und darunter Jeremias 29, 11: „Denn ich weiß wohl, was ich für Gedanken über euch habe, spricht der Herr, nämlich Gedanken des Friedens und nicht des Leides, daß ich Euch gebe das Ende, des ihr wartet."

142

In der Kirche zu Schönrade ist eine Gedenktafel angebracht mit der Inschrift:

Heinrich Ludwig Werner v. Wedemeyer
geb. den 6. Juli 1850
zu Schönrade
gefallen den 7. Dezember 1870
in Ouzouer sur Loire
als Freiwilliger im 2. Brandenburgischen
Dragonerregiment Nr. 12.
Jerem. 29, 11.

„Unter den Braven einer der Bravsten!"; dies Urteil seines Schwadronchefs hat seinen letzten Grund in dem unbezähmbaren Tatendrang Wedemeyers, der schon in der Heidelberger Studentenzeit als besonderer Charakterzug ausgeprägt ist. Die Eltern bekannten in der Todesanzeige:

„Wir danken Gott für viele Freuden, welche er uns 20 Jahre in diesem Sohne gab. Manche schöne Hoffnung geht mit ihm zu Grabe. Gott wolle die schweren Opfer, welche er uns, Tausenden mit uns, auferlegt, unserm teuren König und Vaterland zum Segen gereichen lassen."

Soweit Professor Fischer.

Zurückgreifend möchte ich sagen, daß einer meiner Neffen, welcher als Leutnant bei dem Brandenburgischen Infanterieregiment Nr. 48 stand, an jenem 7. Dezember bald nach Werners Tode mit in Ouzouer eingerückt war. Dieser erzählte mir später, er habe dort Dragoner, unter ihnen mehrere Offiziere, einen Toten trauernd umstehen sehen und, als er den Namen des Gefallenen gehört, sofort an mich gedacht: „Die arme Tante Bismarck, wie wird sie betrübt sein!"

Rührend war mir der Brief eines Schönrader Dieners, der beim 48. Regiment eingezogen war; ihm hatte ich bei seinem Abgang gesagt, er solle mir schreiben, wenn er irgendwie in Not geriete; mir ständen in Berlin viele Mittel zu Gebot, und ich würde ihm gern helfen. Nun schrieb mir der brave Mensch: „Mir geht es, Gott sei Dank, ganz gut, und ich brauche die mir angebotene Hilfe nicht. Aber da unser junger Herr gefallen ist, weiß ich, daß gnädiges Fräulein tief trauern, und da wollte ich Ihnen sagen, daß es mir sehr leid tut."

Dem Schmerz, den die Eltern empfanden, trug ja selbstverständlich jeder die wärmste Teilnahme zu, aber daß auch mir diese von so vielen Seiten ausgesprochen wurde, zeigt, wie ich zu dem Schönrader Hause stand und wie man wußte, daß jeder Kummer, der einen von uns traf, von dem anderen mitgetragen wurde.

Für die Weihnachtstage hatte ich meine Arbeit in den Berliner Kriegs-baracken einer anderen Dame übergeben und war nach Schönrade ge-reist. Verwirrt durch den Schmerz und die vielen Vorbereitungen, die meine Abwesenheit im Lazarett nötig machten, hatte ich über meine An-kunft undeutlich geschrieben. Als ich nun nach ermüdender Nachtfahrt früh morgens 5 Uhr auf der Station Friedeberg eintraf, fand ich keinen Wagen vor. Nach vieler Mühe, da noch fast alles im Schlaf war, erhielt ich ein Fahrwerk: einen Einspänner vor einem offenen Gefährt; ein aus-gestopfter Sack bildete den Sitz. Der Schnee lag hoch auf der weiten Fläche, der Mond schien hell, und es war bitter kalt. Ich kam, da ich für eine solche Fahrt, die über zwei Stunden währte, nicht ausgerüstet war, fast erstarrt in Schönrade an. Der für den im Felde stehenden neueinge-tretene Diener kannte mich nicht und traute mir, als ich mit dem elenden Wägelchen ankam, nicht das Recht zu, unangemeldet einzudringen. Erst der hinzukommende Inspektor bewog ihn, mich einzulassen. Die Mutter fand ich noch im Bette, und nachdem wir miteinander geweint hatten, sagte sie mir: „Nun gehe nur zu meinem Mann hinein!" Er saß an sei-nem Schreibtisch, in Gedanken versunken, fiel mir um den Hals und rief: „Es war ja auch Ihr Junge!"

Das Weihnachtsfest sollte, das verlangte er, wie immer gefeiert wer-den. „Warum den Leuten die Freude stören; alle fühlen ja doch mit uns die Trauer, aber sie sollen auch wissen, was uns durch die Bedeutung des Festes dennoch bleibt." So brannten dann die Weihnachtsbäume, so wurden, wenn auch unter Tränen, die Weihnachtslieder gesungen.

Die Eltern trugen den großen Schmerz mit wunderbarer Kraft, immer noch dankend für das Glück, ihren Ältesten so lange gehabt zu haben. Aber schon nach 2–3 Jahren folgten sie beide dem geliebten Sohne in die Ewigkeit. Die Beziehungen der Kinder zu Tante „Bechen" hörten indessen nicht auf; als sich die sechs Geschwister nach und nach verheirateten, fehlte ich auf keiner der Hochzeiten.

Am nächsten stand mir später wohl Käthe, die älteste der Schwestern, die mit ihrem Manne, meinem Neffen und Paten, Graf Friedrich Bredow, in Charlottenburg wohnte, und deren Leben durch manches schwere Leid heimgesucht war. Der frühe Heimgang dieser Frau, nach langem, mit unendlicher Geduld und festem Gottvertrauen getragenen Leiden, legte mit dem bald folgenden Tode des Mannes die zwei Kinder mir ganz besonders ans Herz.

1870/71 in den Kriegsbaracken

Wie ich Bismarck in den Kinderjahren nahe stand, so ist es mir im späteren Leben vergönnt gewesen, einem anderen der großen Männer aus der Zeit der Kämpfe um das deutsche Reich in wirklicher Freundschaft verbunden zu sein. Als Kind habe ich mit Bismarck gespielt, als junges Mädchen in blonden Locken mit Moltke getanzt, und als das Haar hätte grau sein können, von Alter und von mancher Sorge gebleicht, hat mich innige Freundschaft mit dem Grafen Roon und seiner unvergeßlichen Gattin verbunden, so daß ich im engsten Familienkreise oft mit ihnen vereint war.

Diese Freundschaft hatte ihren Ursprung in den Kriegsjahren 1870/71, wo ich, unter Oberleitung der Gräfin Roon im Lazarett arbeiten durfte. Die zur Aufnahme der Verwundeten bestimmten Baracken waren auf dem Tempelhofer Felde errichtet, rechts von dem Denkmal, da, wo heute der Viktoriapark nicht ahnen läßt, wieviel Schmerzen dort gelitten, wieviel Seufzer ausgestoßen, wieviel Tränen dort geflossen sind. Das Kriegsministerium, der Hilfsverein und die Stadt Berlin hatten sich zur Herstellung und Verwaltung dieses Lazaretts vereinigt. Es bestand aus 25 Baracken und den dazu gehörigen Gebäuden; in dem einen befanden sich die Räume für die Verwaltung, sowie eine kleine Kapelle, in der zwei evangelische Prediger und ein katholischer Priester abwechselnd Gottesdienst hielten.

In einem anderen waren die großen Küchenräume, die Schlafzimmer für das Personal, Vorratsräume, sowie ein Eßzimmer für die in den Baracken wohnenden jungen Ärzte. In einem kleinen Gebäude lag der Operationssaal und die Apotheke. Für jede Baracke war ein Arzt, 2–3 Heilgehilfen und eine graue Schwester bestellt. Über dem Ganzen standen ein höherer Offizier, mehrere Chefärzte und die obenerwähnten Geistlichen. Jeden Morgen kam Professor Esmarch mit anderen Ärzten zur Operation heraus.

147

Hier entwickelte sich nun eine Liebestätigkeit, die sich durch Monate erstreckte, Regen und Sturm über sich ergehen ließ und, fast im Schnee des besonders strengen Winters vergraben, bei 18 Grad Kälte, wo Gas und Wasser einfroren, geduldig ihr Werk weitertrieb.

Kurz bevor die ersten Verwundeten eintreffen sollten, erschienen in den Baracken an einem kalten, regnerischen Augustmorgen, von der Gräfin Roon zusammengerufen, einige 40 Damen, um alles einzurichten. Wenige kannten einander, keine wußte, was sie sollte, wenige, was sie wollten – jede aber faßte willig zu.

Manche Hand, die bisher wohl keinen Besen und kein Staubtuch, geschweige denn Schrubber und Scheuerlappen berührt hatte, griff mutig danach. Staubwolken erhoben sich, Wasserströme flossen, aber – geschafft wurde wenig, es war und blieb ein Chaos.

Gegen mittag legte sich der Tatendurst der meisten; schließlich blieben nur Minette Oppermann, die langjährige treue Stütze der Gräfin Roon, und ich zurück.

Es wurden für den Abend noch Verwundete erwartet; wie sollten wir sie in Empfang nehmen?

Der Himmel bewahrte jedoch die armen Leute vor dem Geschick, in diese Wüstenei zu kommen, in der es an allen Lebens und Stärkungsmitteln fehlte. Einige Kohlköpfe, Kartoffeln und Mohrrüben waren da, dazu ein paar Riesenkessel als Kochgeschirr, aber nichts weiter, vor allem kein Holz und keine Kohlen. So blieben nur wir beiden Opferlämmer dem Hungertode preisgegeben.

Früh 8 Uhr waren wir eingerückt, kalt war es, Regenschauer gingen hernieder. Eine mitleidige Unbekannte hatte, in der Erwartung, schon Verwundete erquicken zu können, ein Pfund Cakes mitgebracht; dies war unter die Gesamtheit verteilt, und da kam auf jede der 40 Helferinnen nicht viel. Nun saßen wir beide höchst unbehaglich da, in einer Stimmung, die auch der größte Patriotismus nicht viel über Null steigen ließ, der Dinge harrend, die da kommen sollten. Wir hatten den Auftrag, bis 9 Uhr abends auszuhalten. Um 7 Uhr erschien, dem Raben vom Bache Kidron gleich, für uns arme, hungernde Propheten, ein Diener des Grafen Roon und brachte uns Mittagessen und, welch eine Freude in unserer Wüste, sogar Teller, Löffel und alles Zubehör dabei!

Sehr erfreut setzten wir uns an ein Fenster der Küche, das, wie alle anderen, jeglichen Vorhanges entbehrte, und aßen mit Behagen. Da rief vor dem Fenster die Stimme eines der vielen Müßiggänger, die gekommen waren, sich die Räume anzusehen: „Da hat man's, wozu die Damens da sind – um sich zu pflegen und nachher rühmen zu lassen."

Ob die da draußen wohl auch so gehungert hatten, wie wir?

Ordnung kam in den nächsten Tagen in das ganze Getriebe, aber Ruhepausen gab es nicht. Jeder der 15 vom Kriegsministerium eingerichteten Baracken wurden 2–3 Damen zugeteilt, die abwechselnd zwei Tage hintereinander kamen. Ohne andere zurücksetzen zu wollen, nenne ich hier nur diejenigen, die mir persönlich nahe getreten sind: Frau v Rhaden mit Tochter, Frau Geheimrat Köllner, Gräfin Hardenberg, geb. Langenbeck, Frau v. Türckheim, Frau v. Schenk, Fräulein v. Olberg, Gräfin Harry Arnim.

Nur wenige von der großen Zahl sind noch am Leben. Mit der Pflege der Verwundeten hatten die Damen nichts zu tun; sie mußten nur Sorge tragen, daß alles, was an Nahrungsmitteln und an Wäsche nötig, auch vorhanden war. Dann die Kranken trösten, die Briefe derselben schreiben und so die guten Geister der Baracke sein.

Mir war die Leitung der ganzen Ökonomie übergeben. Herr v. Roon hatte mich, wie schon erwähnt, in Schönrade kennengelernt und von der wohl richtigen Ansicht ausgehend, daß nur jemand, der den größten Teil seines Lebens auf dem Lande einen großen Betrieb geleitet hatte, imstande sein, den Anforderungen, die das Lazarett stellen müsse, zu genügen, hatte er mich seiner Frau, die ich damals noch nicht kannte, für diesen Posten vorgeschlagen.

Eine andere Dame übernahm die Sorge für die Wäsche, eine dritte für die Weinvorräte und zwei oder drei Damen, die sich abwechselten, die Überwachung je einer Baracke. In jeder derselben war ein kleines Zimmer für die leitende Dame, das zugleich zur Aufbewahrung derjenigen Dinge diente, deren sie aus der Küche oder den anderen Depots bedurfte; ein Raum für den Wärter, ein Badezimmer und eine kleine Küche. Frau v. Roon selbst übernahm keinen bestimmten Posten, nur die Oberleitung des Ganzen. Gräfin Moltke hatte auch eine Baracke übernommen und einen Teil der speziellen Aufsicht über das Ganze, und so waren in dem Vorstand die drei Namen vereint, die in der Geschichte dieses Kriegs so große Bedeutung gehabt haben.

Herr Professor Esmarch hatte als seine Gehilfin eine Frau Professor Junghans aus Kiel mitgebracht. Sie wohnte als Gast im Kriegsministerium und fand sich frühmorgens draußen ein. Ihr war das Ordnen des Operationssaales, das Sauberhalten aller Instrumente übertragen, und sie mußte auch, was sehr angreifend war, bei manchen Operationen Hilfe leisten. Wir übrigen glaubten bei ihr eine etwas gefühllose Gemütsart voraussetzen zu müssen, da sie sich zu dergleichen hergab, fanden aber bei näherer Bekanntschaft ein zartes, liebenswürdiges Wesen in ihr. Mich hat eine besonders innige Freundschaft bis zu ihrem Tode mit ihr verbunden. Anfangs namentlich hatte der Betrieb und die Arbeit in meinem Ressort mit mancherlei Schwierigkeiten zu kämpfen. Ich meine nicht die beim Beginn, natürlich bemerkbaren Unvollkommenheiten der Einrichtungen, von denen ich nur eine erwähnen will. Die jungen Ärzte, die den ganzen Tag da blieben und nach Anweisung der älteren Herren die Behandlung der Kranken besorgten, hatten anfangs keinen Raum, wo sie ihre Mahlzeiten einnahmen. So kam jeder zur Mittagszeit, wann es ihm paßte, und Gräfin Arnim, meine Gehilfin, und ich mußten für jeden besonders anrichten. Wir hatten außer den riesengroßen Kesseln für die Leute anfangs nur eine ganz kleine Kochmaschine, was das Herstellen dieser Mahlzeiten für die jungen Ärzte ungemein erschwerte. War also die Arbeit auch in diesen äußerlichen Dingen nicht leicht, so wurde sie besonders durch das Mißtrauen erschwert, das ein Teil der leitenden Ärzte, ja der Damen selbst, der ganzen Einrichtung entgegenbrachte. Im Hilfsverein und in den städtischen Baracken hatte man die ganze Spei-

150

sung der Kranken und des dienenden Personals Kochen übergeben, die aber natürlich doch dabei verdienen wollten. Nun meinten die Herren allgemein, eine Dame könne ein so großes Getriebe nicht leiten. Sie vergaßen dabei, daß nach unserer Einrichtung kein Abzug an dem geschah, was für die Soldaten an Geld geliefert wurde, ihnen vielmehr alles zugute kam. Glücklicherweise befand sich im Vorstand unserer Abteilung Generalarzt Dr. Hoffmann, der mich von lange her kannte und ganz mit der Art der Verwaltung einverstanden war. Er sagte mir, er werde täglich das Essen in der Küche kosten, um aller entgegenstehenden, böswilligen Nachrede begegnen zu können. So entstand Ruhe, und nach und nach verstummten die Klagen, aber schwere Stunden hat es vorher gegeben.

Auch der Landrat des Teltower Kreises verdächtigte mich ungerechterweise. Er hatte seine Bauern veranlaßt, Lieferungen für das Lazarett zu machen. Davon war ein Teil, jene obenerwähnten Kohlköpfe, Rüben, Kartoffeln usw., bereits eingegangen, als ich eintrat. Wenn später ein Bauer etwas brachte, erhielt er eine Bescheinigung über die Lieferung und reichte sie dem Landrat ein. Jene ersten hatten aber, da sie nur die leeren Räume fanden, keine Bescheinigung erhalten und wurden vom Landrat, der dies nicht wußte, an ihre Pflicht gemahnt. Sie mögen nicht eben freundlich auf solche Mahnung geantwortet haben; der erbitterte Landrat schrieb nun an Frau von Roon und ließ sich in seinem Brief zu der Redensart hinreißen, sie habe zur Verwaltung des Haushaltes die erdenklich unpassendste Dame gewählt. Frau v. Roon teilte mir dies freundlicherweise mit, und so setzte ich dem Herrn Landrat den Sachverhalt auseinander und fügte hinzu, daß dadurch der Makel, den er meinem Namen angehangen, wohl aufgehoben sein würde.

Nach und nach kam alles in ein ruhiges Geleise. Auch die widerwilligen Damen beruhigten sich, unter uns allen entstand ein freundliches Verhältnis, das für mich zu innigen Freundschaften führte, die ich mit den wenigen noch Lebenden bis heute aufrecht erhalte.

In den ersten Wochen wurde bestimmt, daß eine der Damen sogar des Nachts draußen bleiben solle; ich löste mich mit einigen anderen ab. Da sich allerlei Mißstände ergaben, ward dies aufgegeben, und die Köchin, die eifrige Johanne, erhielt die Leitung des Abends nach meinem Fortgehen. Ich muß ihr zum Ruhm nachsagen, daß sie sich des Vertrauens würdig gezeigt hat. So oft ich sie abends oder morgens einmal unverhofft kontrolliert habe, fand ich stets alles in bester Ordnung, glaube aber gern, daß nicht alles immer in Frieden und mit freundlichen Redensarten geschehen ist. Zu den vielen vortrefflichen Eigenschaften dieser Johanne konnte man Sanftmut eben nicht zählen. Aber es gibt ja nun einmal keine Engel, und so ließ ich Johanne gern toben und freute mich, daß alle Mahlzeiten gut und pünktlich zur Stelle waren. Zu ungewöhnlichen Zeiten der Kontrolle halber herauskommen, hieß den weiten Weg nach dem Kreuzberg zu Fuß machen, da es elektrische Bahnen noch nicht gab und Droschken nicht so weit fuhren, also war ich froh, daß ich erkannte, wie eine solche Aufsicht nicht oft nötig war. Es hieß überhaupt achtgeben, denn außer der Zeit war bei der großen Entfernung von der Stadt nichts zu haben, und jedes Vergessen rächte sich bitter.

Jeden Morgen um halb neun stand ein, von einem patriotischen Fuhrmann gestellter Omnibus auf dem Wilhelmsplatz vor dem alten Zieten, um die Damen, nebst den für den Tag nötigen Ergänzungen der Vorräte, in das Barackenlager hinaus zu führen. Später, im kalten Winter, standen wohl bis zum Erscheinen, resp. bis zum Abgang dieses Gefährts, die Damen klappernd und frierend, wie die Ritter von der traurigen Gestalt, auf der Straße, und die zahlreichen Pakete umlagerten sie auf dem Schnee des Pflasters oder auf nasser Bank. Bis die alte Gräfin Voß ein menschliches Rühren fühlte und uns, lebenden und leblosen Barmherzigkeitsengeln erlaubte, in ihr vis-à-vis gelegenes Palais zu flüchten.

Nach dem Glockenschlag ½9 vom Dreifaltigkeitsturm wartete der Omnibus noch 5 Minuten, dann rumpelte er erbarmungslos davon. Wer nicht da war, mußte sehen, wie er hinauskam. Ohne diese strenge Bestimmung wären wir vielleicht schließlich um Mittag draußen angelangt.

152

Abends kam der Omnibus um ½7 Uhr nach den Baracken, um uns abzuholen. Da erinnere ich mich eines Tages, an dem er sich etwas verspätet hatte. Wir standen gerüstet, ihn erwartend, bereit, und eine jede hatte einen besonderen Grund zu dem Wunsche, gerade heute früh nach Hause zu kommen. Endlich erschien der Ersehnte auf der Bildfläche. Alles stürmte herzu. Die Tür soll geöffnet werden, aber diese wehrt sich. Eine Dame nach der anderen reißt an der Klinke; es hilft nicht. Da kommt diensteifrig die Ordonnanz aus der Küche; ihrem vergeblichen Streben folgt ein Wärter, diesem ein Arzt, der Major, ein Oberarzt, aber die Tür will nicht; die Feder des Schlosses ist und bleibt übergeschnappt.

Da half es denn nichts, wir mußten den Wagen voranfahren lassen und demselben folgen, bis endlich am Halleschen Tor ein Schlosser die widerwillige Pforte öffnete. Wenn mich der Omnibus des Morgens an der Ökonomiebaracke absetzte, hatte Johanne schon alles vorbereitet, und bald stürzten auch Damen herzu: die eine rief nach Brühe, die andere wünschte sofort Sardellen zu haben, die dritte begehrte umgehend Butter, und was weiß ich noch. Das Wünschen und Verlangen nahm kein Ende.

Was ich nicht gutwillig gab, wurde wohl heimlich genommen, wobei dann freilich auch einmal ein in weißer Schürze zerschlagenes Ei den Verräter spielte. War dieser erste Sturm abgeschlagen, dann ging es an das Verteilen des 2. Frühstücks. Belegte Butterbrote für das Gros, Semmeln und besonders Brötchen für die schwerer Kranken. Jede Dame mußte an ihre Barackennummer, die über dem Anrichtetisch angebracht war, den Zettel hängen, auf welchem die Wünsche für jede Mahlzeit verzeichnet waren. Eine der Damen erfreute mich oft durch Verwechselung, so daß ich, wenn eilig verteilt werden sollte, einen Zettel fand, der Hosen und Hemden begehrte und für die Wäscheverteilungskammer bestimmt war.

Nach dem Frühstück trat eine Pause verhältnismäßiger Ruhe ein. Da mußte ich rechnen, bestellen und alles Weitere ordnen.

Hatte man meinen Rechenkünsten nicht getraut, oder dem alten Herren Schäffer eine Freude machen wollen, indem man seine Dienste nicht abwies, wer weiß? Jedenfalls wurde er mir als Rechnungsführer überwiesen. Da saß er nun am Schreibtisch.

Was ein einigermaßen geweckter Sextaner in 5 Minuten zusammengerechnet hatte, dazu brauchte der, freilich 80 Jahre alte Herr endlose Zeit. Mehr noch, um die Bestellzettel auszufüllen. Diktierte ich: 20 Pfd. Zucker und 500 Semmeln, dann drehte er sich um und sagte: „Liebes Fräulein, sollten nicht 19 und 490 Semmeln genügen?" und so weiter.

Gräfin Roon und ich waren uns bald einig, daß diese Geduldsprobe den phlegmatischsten Menschen veranlassen müsse, mit den Beinen zu trampeln, und so endigte die Tätigkeit des braven Herrn Schäffer bald, und zwar mit einem höchst komischen Schluß. Seines Zeichens Weinhändler, verwaltete er auch zuerst dies Fach in den Baracken.

Er fand es sehr passend, am 30. September, dem Geburtstag der Königin, eine Zulage zu geben.

Es war schönes Wetter, und die Rekonvaleszenten wurden vor den Türen der Baracken versammelt. Wir alle traten hinzu. Herr Schäffer erschien, verteilte seine Gaben, stellte sich in die Mitte des Kreises und begann eine schwungvolle Rede. Da feierte er zunächst alle Damen, dann die Ärzte, ich glaube, er vergaß kaum Johanne und die Küchenfrauen, aber die Königin, der es galt, die vergaß er, von der war mit keinem Wort die Rede. Natürlich entstand schallendes Gelächter, welches er aber auf seine Art deutete. „Ja, wenn man es nur versteht," sagte er, „dann weckt man die Herzen zur Freudigkeit." Mit diesem Bewußtsein ist der alte Herr von uns und von den Baracken geschieden.

Sonntags wurde dem gewöhnlichen Essen, welches für die leicht Erkrankten und Rekonvaleszenten aus Gemüse und Fleisch bestand, ein Gang zugefügt, und da gab es bei Johannes unfriedlicher Gemütsart vermehrte Unruhe, so daß ein überhöflicher Wärter, der die Speisen für seine Leute in Empfang nahm, sich mir gegenüber zu dem Ausspruch bewogen fühlte: „Des Sonntags habe ich die Ehre, das gnädige Fräulein zu bedauern." Wirklich – ich tat mir oft selber leid.

Für die Schwerkranken mußte alles angeschafft werden, was die Ärzte verlangten. Freilich war Vorbedingung, das Gewünschte am Tage vorher zu bestellen, denn im Augenblick war nichts zu beschaffen. Ich sehe noch das liebe, freundliche Gesicht des Dr. Trueheart, eines Amerikaners, vor mir, der plötzlich ein „Federtier" gebraten zu haben wünschte und selbst lachen mußte, als ich ihm vorschlug, wir wollten beide versuchen, draußen eins zu greifen!

Auf dem Deckel eines Kochbuches, das mir Baronin Türckheim, die Gattin des badischen Gesandten, verehrte, ist dieser Vorgang bildlich dargestellt.

Schrecklich war es, wenn plötzlich, kurz vor einer Mahlzeit, Passanten kamen, für welche immer eine Baracke frei gelassen wurde.

So erschienen eines Tages fast unangemeldet 80 Mann zu Mittag. Wo sich, da es doch den täglichen 4–500 Kostgängern nicht abgezogen werden konnte, schließlich etwas fand, ist mir heute nicht recht klar, aber, weiß Gott, es war da, und alle wurden befriedigt. Gewiß kam an solchem Tage unerwartet, wie es oft geschah, eine Sendung von einer der vielen großen Garküchen in Berlin und machte aller Not ein Ende. Einmal war gerade das Mittagessen ausgeteilt, alles nach meiner Ansicht befriedigt, und ich dankte Gott, der mir gnädig beigestanden hatte. Da erschien plötzlich die mir sehr liebe Gräfin Hardenberg, deren schwarzes Kleid von oben bis unten mit den sauren Kartoffeln begossen war, die ihren Leuten hatten zur Speise dienen sollen. Der Wärter hatte aus dem Blecheimer den größten Teil auf so unrechter Stelle niedergelegt. Natürlich wünschte sie dringend Ersatz, woher nehmen? Aber auch hier wurde schließlich noch Rat geschafft.

In den Wochen vor Weihnachten wurde in den Baracken überall die Sehnsucht nach Gänsebraten wach. In unseren Küchenräumen so viele Gänse zu braten, war ganz unmöglich. Ein Kriegsrat, den Gräfin Roon und ich abhielten, hatten folgendes Ergebnis. Ich ging zu dem Koch

155

Huster in der Mohrenstraße, der Besitzer des „Englischen Hauses" war und uns oft mit vorzüglichen Liebesgaben erfreut hatte. Ihm trug ich den Fall vor. Er kam unseren Wünschen in liebenswürdigster Weise entgegen und erklärte, daß er für 90 Taler die aus nahe 300 Personen zählende Barackengesellschaft mit Gänsebraten speisen werde. Ich solle nur Kartoffeln kochen lassen. Nicht ohne einiges Bangen saß ich am Sonntag vor meinem Kartoffelkessel. Würde Herr Huster auch Wort halten? Aber siehe, zur festbestimmten Zeit erschien sein Wagen, eine große Kupferpfanne nach der anderen wurde ausgeladen; die Gänse waren darin portionsweise verteilt. Außerdem hatte der edle Huster noch eine Menge des schönsten Rotkohls mitgeschickt. So war ein Festessen bereitet, das damit endete, daß aus jeder Baracke einer abgesandt wurde, um im Chor vor der Küche mein Wohl in schallendem Ruf auszubringen. Von den Resten bekamen die Herren Ärzte am folgenden Tage ein prächtiges Frühstück, so reichlich war alles bemessen. Außerdem ließ mir Huster sagen, daß für den nächsten Tag das Gänseklein eine gute Mahlzeit verspräche. Wiederum sollte ich nur Kartoffeln liefern. Eine ausreichende Menge kräftige, dicke Reissuppe, mit dem Gänseklein darin, gab am Montag die zweite Festmahlzeit.

Aber nicht immer war heiteres Lachen, – manche ernste Feier fiel in diese Zeit.

Ich erwähnte schon, daß jeden Sonntag Gottesdienst in unserer Kapelle abgehalten wurde. Die Königin (später Kaiserin) erschien öfters dazu.

Einmal im Frühjahr war Abendmahlsfeier angesetzt. Sie hat wohl auf alle Teilnehmer einen erschütternden, tiefen Eindruck gemacht.

Der größte Teil der Damen und Rekonvaleszenten hatte sich dazu eingefunden. Unter letzteren waren elende Krüppel aller Art. Einigen fehlte ein Arm, andere kamen auf Krücken, mit Stelzfüßen, im Rollstuhl, und viele elende, bleich aussehende Gestalten traten herzu, manche nahten fast kriechend, viele konnten sich nur mit Hilfe anderer von den Knien erheben. So war es in dem engen Raum ein Bild des Jammers, den der

Krieg erzeugt. Kein Auge blieb wohl tränenlos. Dennoch waren alle voll Lobes und Dankes, daß Gott sie soweit geführt, ihnen das Leben erhalten hatte, und es mag wohl manches Gelöbnis zum Himmel hinaufgedrungen sein, die erhaltenen Kräfte fortan ihm weihen zu wollen.

Manches junge Leben freilich erlag in den Baracken seinen Wunden, und wir hatten einige achtzig Todesfälle zu beklagen, darunter drei Offiziere. Unter diesen waren es zwei, die mir als Verwandte des Birkholzer Hauses von Kindheit an bekannt waren. Der Eine, Graf Solms, war schon länger in den Baracken, der andere, Richard von Plötz, war in den Weihnachtstagen, nachdem er schon aus einem anderen Lazarett als geheilt entlassen, wegen wieder aufgebrochener Wunden zu uns gebracht. Ich war einige Tage abwesend gewesen; nach meiner Rückkehr sagte mir die pflegende Schwester, ein junger Leutnant, dessen Namen sie nicht nennen solle, bäte mich, ihn zu besuchen. Ich fand mit Richard Plötz zusammen Jury Solms. Beide zwar im Bette, aber in der ausgelassensten Laune. Wir unter hielten uns lange, und beide fragten mich endlich, ob ich schon gehört hätte, daß sie an Blutvergiftung erkrankt wären. Ich gab ihnen die Versicherung, daß mir Blutvergiftung, wie sie sich bei ihnen äußere, nicht gerade gefährlich vorkäme. Nach kurzer Zeit, besuchen konnte ich sie der vielen Arbeit wegen ja nicht oft, wurde mir die Nachricht gebracht, daß beider Zustand hoffnungslos sei.

Plötz starb im Lazarett. Ich saß mit der Mutter des jungen Solms an dessen Bette, das nur durch einen Vorhang von dem des anderen Kranken getrennt war, als ich Richard plötzlich husten und furchtbar stöhnen hörte. Ich stürzte herbei und sah, wie ein Blutsturz seinem Leben augenblicklich ein Ende zu machen drohte; da Wärter und pflegende Schwester das Zimmer verlassen hatten, richtete ich ihn zu seiner Erleichterung auf. Sobald der Wärter kam, eilte ich, um an seine Schwester, die in der Stadt war, zu telegraphieren. Als ich am anderen Morgen noch einmal an sein Bette kam, lebte er noch und richtete einen Blick freundlichen Erkennens auf mich; wenige Stunden nachher war er tot. Seine nächsten Verwandten waren an seinem Sterbebette versammelt. Da er in Berlin begraben werden sollte, wurde der offene Sarg in die Leichenhalle unseres Lazaretts gebracht. Die Schwester, die selbst krank war, schickte mir Blumen und bat mich, sie in seinen Sarg zu legen, so ging ich mit dem Wärter nach dem traurigen Ort. Ich fand ihn in der Uniform seines Regiments, aber wie so anders war sein Anblick, als damals, wo er voll Übermut in seinem Bette lag. Wie hatte die Blutvergiftung, von der er damals so lachend sprach, den blühenden, jungen Körper zerstört. Wenige Tage nachher haben wir ihn auf dem Garnisonkirchhof begraben. Unter den Leidtragenden, zwischen zwei Brüdern seiner verstorbenen Mutter, stand sein Bursche, der die Kriegsgefahren mit ihm geteilt hatte und es sich nicht nehmen ließ, auch seine Pflege zu teilen; er hatte manche Nacht an dem Bette des Kranken gewacht. Tränen standen dem wackeren Burschen in den Augen, und alle Verwandten drückten ihm in dankbarer Teilnahme die Hand. Einer der Herren versprach, ihm nach der Dienstentlassung eine gute Stelle auf seiner Besitzung zu verschaffen.

Jury Solms wurde wenige Tage vor seinem Tode in die Wohnung überführt, die er vor dem Feldzuge, als Fähnrich bei den 1. Gardedragonern benutzt hatte. Er wurde auf dem Familiengut begraben. Ich habe mit seiner Mutter an seiner Leiche gesessen, und ich möchte sagen, ich habe die weinende, schmerzerfüllte Frau, die den einzigen Sohn verloren hatte, beneidet, weil sie doch an der sterblichen Hülle des geliebten Kindes wenigstens weilen konnte; während unser Werner, den ich von Kind auf wie eine Mutter geliebt hatte, so fern von der Heimat und so plötzlich dahingerafft war.

Die Kaiserin-Königin Augusta widmete den Baracken ihre besondere Teilnahme. Jeden Dienstag und Freitag fuhr sie bei uns vor. Bei gutem Wetter stieg sie aus, kam aber, um keine Baracke zu bevorzugen, in die Küche. Sie litt nicht, daß ich ihr einen Lehnstuhl, der an meinem Schreibtisch ziemlich unbenutzt stand, in die Küche holte. Auf der Holzbank nahm sie Platz und wies selbst einen Teppich, den ich ihr unter

158

die Füße legen wollte, um sie vor dem kalten Steinpflaster zu schützen, mit den Worten zurück: „Wo Sie den ganzen Tag stehen, kann ich wohl kurze Zeit ohne Teppich sitzen."

Einmal durfte ich der Königin Kaffee kochen, und Johannes stolzester Moment war, als sie ihr ein anderes Mal einen Eierkuchen backen konnte.

Die Königin verlangte stets genaue Auskunft über die besonders schwer Verwundeten. Die Dame der betreffenden Baracke wurde dann gerufen und mußte die Herrscherin zu den Leidenden führen, denen sie in leutseligster Weise Trost zu sprach.

War schlechtes Wetter, dann mußte ich zu der Königin in den Wagen steigen und Bericht erstatten. Als ich zum ersten Mal dahin gerufen wurde und vortrat, fragte der Lakai, dem ich im schwarzen Kleide mit großer, blaugestreifter Schürze wohl nicht sehr hoffähig erscheinen mochte, etwas von oben herab: „Wer sind Sie denn?" Als ich ihm dann mit einiger Grandezza meinen Namen nannte, öffnete er mit höflichster Bereitwilligkeit die geheiligte Pforte.

Aber nicht immer war das Erscheinen vor der Herrscherin so einfach. Eines Sonntags in der Frühe wurde ich durch eine Depesche des draußen stationierten Arztes geweckt; es hieß: „Bitte gleich nach den Barakken herauskommen, Majestät will einen bald eintreffenden Sanitätszug empfangen, eine Dame des Vorstandes muß da sein!"

Also anziehen und fort. Überall hoher Schnee, denn um ihn fortzubringen, fehlten Menschen und Pferde. Droschken gab es wenige, in dieser Herrgottsfrühe sicher keine; so wanderte ich denn nach dem Tempelhofer Felde hinaus, bis hinter den Kreuzberg, dessen schönes Monument damals noch auf ödem Sande stand.

Eine andere, aus Vorsicht ebenfalls herbeigerufene Dame kam gleich nach mir. Der Sanitätszug war da, die Kranken durften aber nicht herausgehoben werden, sondern sollten der Königin harren. Wir standen mit den Ärzten am Zuge; der Wind pfiff schneidend, und es war mehr Selbstsucht, als Patriotismus, die uns die Kaiserin herbeisehnen ließ.

Kurz vor 8 Uhr, es war eben hell geworden, erschien sie, bei ihrem Alter und ihrer Gebrechlichkeit wirklich eine rührende Leistung. Mir brachte diese frühe Expedition die Freude, mich zu überzeugen, daß Johanne auch zu so ungewohnter Stunde auf dem Posten war.

Durch die Droschkenmisere jener Zeit erlebte eine gute Freundin ein tragikomisches Abenteuer. In der Dorotheenstraße kam sie abends gegen ½9 aus einer Gesellschaft. Eine Droschke zieht gemächlichen Schrittes die Straße entlang. Freudig eilt sie darauf zu, um einzusteigen. „Wo wohnen Sie denn, Madamken?" fragt der Rosselenker. Auf die Entgegnung: „am Lützowplatz" ruft er: „Na denn lofen Sie man, det is recht jesund, so weit loft mein Pferd nich" und fort fuhr er. Der Berliner Droschkenkutscher ist übrigens der alte geblieben in seinen Bemerkungen.

Als vor einigen Wintern eine Bekannte vom Lande hereinkam und beim Bezahlen etwas lange Zeit brauchte, um durch die vielen Umhüllungen zu ihrem Portemonnaie zu gelangen, sagte der Kutscher: „Na Madamken, wenn Sie sich nun jenug jeschuppt haben, dann bezahlen Sie wohl mal."

Die hohen Besuche des Lazaretts gaben bisweilen zu scherzhaft wirkenden Äußerungen der über die wirtschaftlichen Verhältnisse wenig orientierten fürstlichen Damen Anlaß. So war die Kaiserin einmal sehr erstaunt, in eine Wanne eine Menge Rindfleisch eingelegt zu sehen. Sie fragte sehr verwundert, was ich damit wolle. Und auf einer Erwiderung, daß es zu Schmorfleisch dienen solle, sagte sie kopfschüttelnd: „Das habe ich noch nie gehört."

Eine Prinzessin fragte mich beim Anblick von etwa 400 Flaschen Bier: „Ist das Fleischextrakt?" Und meinte auf die Meldung, daß zu Mittag Mohrrüben gekocht würden: „Wachsen denn die hier?"

Sehr interessant war mir eine lange Unterhaltung mit dem Großherzog von Weimar, dem Bruder der Kaiserin. Er war das ganze Lazarett durchgegangen, hatte sich eingehend von dem vielen Leid, daß dort vereint war, überzeugt, und sprach nun davon, daß das eigentliche Elend des Krieges, wie er es hier erkannt hätte, denen, die ihn in höheren Stellungen mitmachten, gar nicht so zum Bewußtsein käme.

Ein alter Russe kam einmal, ließ sich viel erzählen von unserer Arbeit und legte eine Summe Geldes auf meinen Schreibtisch für die Kasse des Lazaretts. Dies geschah öfters, er aber drückte mir dann noch ein Goldstück in die Hand, mit den Worten: „Für Ihre Mühe." Der alte Mann war so herzlich und gut, daß ich ihm freundlich dankend sagte: „Wir wollen das zu dem anderen legen, denn ich habe genug an dem Bewußtsein mit arbeiten zu können für das Vaterland." Und so schieden wir mit einem warmen Händedruck.

Ein anderes Mal kam mit großer Vehemenz eine ziemlich starke, ältliche Dame hereingeplatzt. Trotz des schwarzen, seidenen Kleides und der schweren, goldenen Kette deutete das Ganze mehr auf Schlächterladen, als auf Salon. Sie glaubte in mir die Fürstin Bismarck zu sehen, küßte mir die Hand und ließ sich von der Anrede: „Durchlaucht!" nicht abbringen, dabei überschüttete sie mich mit Versicherungen ihrer höchsten Verehrung von unendlichen Verbeugungen begleitet. Als wir endlich über dies Stadium hinweg waren, entpuppte sie sich als die damals vielgenannte Mutter Simon; so hieß die treffliche Frau bei den Soldaten und in den Lazaretten, wo sie oft erschien und von ihrer Wohlhabenheit reichlich mitteilte. Nachdem sie sich von ihren Ehrenbezeugungen, ich mich von meinem Erstaunen erholt hatte, unterhielten wir uns ganz gemütlich. Ihre Erzählungen vom Kriegsschauplatz, von ihren Soldatenkindern, waren mit viel unfreiwilligem Humor gewürzt.

Der Glanzpunkt aller Besuche war aber der des Kaisers, wenige Tage nach seiner Heimkehr aus Frankreich. Aus der Unter den Linden gelegenen Wohnung des Dr. Tobolt, Leiter der 1. Baracke, sah ich den Kaiser einziehen. Richtiger muß man sagen: still in seine Hauptstadt hereinfahren.

Durch wogende Menschenmengen hindurch fuhr die Kaiserin zum Bahnhof, um den Gemahl zu empfangen, und bald darauf sah man den altbekannten einfachen Halbwagen vom Brandenburger Tor wieder da-

161

herkommen. Beide Majestäten saßen darin: der Kaiser in dem historischen grauen Mantel mit dem Helm auf dem Haupte, die Kaiserin in schwarz und weiß gestreiftem Umhang, in dem wir sie so oft in den Baracken gesehen hatten.

Kein Gepränge von Fahnen, keine Ehrenpforten, kein Aufzug von Gewerken. Und doch gab es wohl kaum eine Erscheinung, die so alle Gemüter bewegte, so tief, daß kaum ein Jubelruf ausbrach, und nur gefaltete Hände und Augen voll Tränen den heimkehrenden Herrscher grüßten.

Des Kaisers Erscheinen in den Baracken sollte wohl lediglich den Verwundeten gelten. In seiner großen Freundlichkeit gab er dem Drängen der Gräfin Roon nach, die ihn, um mir eine Freude zu machen, bewog, auch dem Küchenterrain einen Besuch abzustatten.

An der Türe wurde ich dem Kaiser vorgestellt. Meine Nichte Käthe Wedemeyer, die ich, wissend, was der Tag bringen würde, mit hinausgenommen hatte, blieb in bescheidener Entfernung stehen. Ihr jugendfrisches Aussehen und ihr Traueranzug lenkten den Blick des Kaisers auf sie: „Wer sind Sie denn?" fragte er, Und sprach, als er den Namen und die Ursache der Trauer erfahren hatte, sehr herzlich seine Teilnahme aus. Beim Fortgehen trat der Kaiser noch einmal an Käthe heran und sprach: „Sagen Sie Ihren Eltern, daß es mir innig leid tut, daß auch sie solch Opfer bringen mußten."

Die gute Gräfin ließ nicht nach, der Kaiser mußte in den großen Kaffeekessel sehen, und die Massen von Zwieback und Semmeln anstaunen – er sagte dann freundlich zu mir: „Verwöhnen Sie meine Soldaten nicht."

Worauf die Gräfin als höchstes Lob für mich hervorhob, daß ich die ganze Zeit mit ein und derselben Köchin gewirtschaftet hätte. Was der Kaiser sich dabei gedacht hat, ist mir nie klargeworden. Ich weiß nur, daß alle Damen mein langes Aushalten mit Johanne für ein besonderes Kunststück hielten. Ich hatte ihnen auf alle diesbezüglichen Anfragen und Vorschläge geantwortet, man möge mir eine Köchin schaffen, die

162

in aller Arbeit so tüchtig wie dieser Drache und dabei sanften Gemütes wäre, dann könnte Johanne gehen. Ein solches Juwel war natürlich nicht aufzutreiben, und so befolgte ich die einfache Taktik, fortzugehen, wenn Johanne tobte, und nutzte ihre guten Seiten zum Besten des Ganzen aus.

Leicht war es wirklich nicht, täglich für 400–500 Menschen zu kochen und alle Mahlzeiten pünktlich und gut fertig zu haben. Es wurden wohl Rekonvaleszenten zum Kartoffelschälen kommandiert, auch Franzosen. Mit Lust war aber keiner dabei. Diese erweckte ihnen erst ein Glas Wein, das ich jedem gab. Der Deutsche sagte: „Ick dank' och". Der Franzose hob das Glas und sagte: *„à la santé de madame"*.

Wieviel Jammer und Elend haben diese Baracken gesehen! Oft machte die Kaiserin den schwer Leidenden noch die Freude, für sie Weib und Kind oder alte Eltern kommen zu lassen. Das waren freilich nur letzte Sonnenblicke, die in die Leidensnacht der Sterbenden fielen, und herzzerreißend war oft der Jammer der Hinterbliebenen nach der kurzen Freude des Wiedersehens.

Mir ist aus jenem Leben, so anstrengend es auch war, viel nachhaltige Freude erwachsen.

Alle dort Arbeitenden begegneten einander freundlich, aber natürlich vereinten sich doch nur einzelne zu wirklicher Freundschaft.

Für mich gehörte zu den dort erworbenen treuen Freunden die Frau des damaligen badischen Gesandten, Baronin v. Türckheim. Eine Süddeutsche, hatte sie die volle Frische und Gemütlichkeit ihrer Landsleute. Trotz des Ernstes, der uns alle bewegte, und den auch sie teilte, brachte sie doch viel Humor in den täglichen Verkehr.

Um 3 Uhr nachmittags war in jeder Baracke – jede Dame hatte in der Ihrigen ein kleines Zimmer – Versammlung zu einer Tasse Tee. Hatte sie mich in den Vormittagsstunden nicht gesehen, so schickte Frau v. Türckheim eine schriftliche Einladung. Eines Morgens erwartete der Fleischlieferant, der in der Wilhelmstraße wohnte, unsern vorüberfahrenden Omnibus in heller Verzweiflung, weil er nicht wußte, was nach dem erhaltenen Bestellzettel zu tun sei. Er überreichte ihn mir, und siehe, da stand: „Liebes Tantchen, kommen Sie zum Tee, bringen Sie aber Zucker, ich zeige Ihnen auch einen französischen Offizier, der sagt: *La seule chose que j'envie à la Prusse c'est Bismarck.*

Ihre Fanny."

Da hatte ich Unglückswurm die Einladung dem Schlächter geschickt und den Bestellzettel in der Tasche behalten.

Das war meine Schuld. Ein anderes Mal hatte sie mir in der Stadt Sauerkohl besorgt, und ich erhielt dann folgende Rechnung: Für Frau Baronin v. Türckheim. Pantoffeln, Stiefeln usw. angefertigt. Trotz der freundlichsten Gesinnungen für Baden konnte ich mich doch nicht bereit finden, hier zahlend einzutreten.

Das gab denn manche Neckerei, und in all dem Elend, das man täglich sah, war das nicht nur herzerquickend, sondern nötig, um nicht zu erlahmen.

Der Scherz um diese verwechselte Rechnung wirkte um so nachhaltiger, da Frau v. Türckheim an demselben Morgen noch folgendes Erlebnis hatte. Sie sah zum zweiten Frühstück die Ärzte ihrer Baracke nach ihrer Ansicht goldklaren Wein trinken. Da sie oft den Ärzten zu dieser Mahlzeit kleine Delikatessen mitbrachte, so äußerte sie sich in scherzhafter Weise pikiert, daß man ihr von dem schönen, allgemein belobten Getränk, nicht anbot. „Exzellenz werden das nicht trinken," sagte man ihr. „Gewiß," erwiderte sie, und als das Glas nur halb gefüllt wurde, rief sie: „O, nur zu, voll muß es sein." Sie nahm einen herzhaften Schluck und – da war es alter Nordhäuser Korn. Natürlich wurde nun die Verwechselung auf einen kleinen Schwips geschoben, und ich schickte ihr am anderen Morgen zum Frühstück einen sauern Hering mit Blumen bekränzt. Sie freute sich des Scherzes und sammelte feurige Kohlen auf mein Haupt. Gegen Abend kam die Großherzogin von Baden zu ihr. „Wo ist Tantchen?" hörte ich Frau v. Türckheims Stimme vor dem Küchenfenster. Ich zerlegte eben einen Rehbock und rief nur zurück: „Kommen kann ich leider nicht, Sie müssen schon zu mir kommen."

Richtig, da kam sie mit der Großherzogin und sagte: „Königl. Hoheit, unser Barackentantchen." Die Großherzogin trat zu mir und unterhielt sich lange auf das Gnädigste mit mir.

Die Freundschaft mit Frau v. Türckheim hat die Barackenzeit überstanden, ich habe sie wiederholt auf ihrem Gut in Baden besucht und stand bis zu ihrem Tode in Briefwechsel mit ihr. Um unter der schweren Arbeit die Fröhlichkeit zu erhalten, unterbrach bisweilen ein Scherz, wie ich schon oben andeutete, den Ernst des Tagewerks, das Schmerzliches genug brachte. So ordnete die Gräfin Roon, als Bismarck Fürst geworden war, große Cour bei mir an. Ein Stuhl wurde auf den Tisch gesetzt, darauf mußte ich mich niederlassen, und alle Damen zogen, sich verbeugend bei mir vorüber, natürlich unter Lachen und Scherzen.

Mit dem April sollte das Lazarett geschlossen werden. Die Verwundeten räumten es nach und nach, teils geheilt, teils in andere Lazarette übergehend. Am Nachmittag des Tages, an dem wir die Baracken verließen, versammelte Gräfin Roon alle Damen und Ärzte bei sich. So waren wir, die während so vieler Monate des harten Winters die anstrengende Tätigkeit geteilt hatten, noch einmal vereint und tauschten ernste und heitere Erinnerungen.

Ausklingen und Ende

Von bleibendem Wert für mich wurde vor allem der Verkehr mit der Gräfin Roon, der mich hier in das Kriegsministerium, später nach Neuhof bei Coburg und dann nach Krobnitz in der Lausitz führte.

Da habe ich den Grafen Roon, den Mann, der dem Vaterlande so Großes geleistet hat, als Mensch nicht nur hoch verehren, sondern innig lieben lernen.

Er kehrte, seiner Erkrankung halber, früher vom Kriegsschauplatz zurück; damals besaß er noch Gütergotz, und auf dem Wege von dort nach Berlin fuhr er wohl vor der Tür unserer Barackenküche vor, um seine Frau abzuholen. Die Braut seines Dieners – ich habe ihn nur unter dem Namen Dietrich gekannt – wohnte in Teltow. Als Graf Roon dies erfuhr, fragte er beim Einfahren in diese Stadt: „Dietrich, wo wohnt Ihre Braut?" Auf die Antwort: „In jener Straße, Exzellenz," sagte er: „Na, dann gehen Sie hin und geben Sie ihr einen Kuß – ich fahre langsam durch die Stadt, und am Tore erwarte ich Sie."

Dieser Dietrich heiratete dann bald, und da damals noch das dreimalige Aufgebot war, so rief ihn der alte Herr an jedem der drei Sonntage vor der Kirche zu sich und erklärte ihm, was in der Epistel und dem Evangelium dieses Tages für ihn und seinen Ehestand von Bedeutung zu finden sei. So handelte der Mann, auf dessen Schultern bei der Rückkehr vom Kriegsschauplatz eine fast erdrückende Last von Arbeit lag.

Es war mir ein Lebensgewinn, ihm und seiner edlen Gattin Freundin sein zu dürfen – und Freundin nannte er mich noch auf seinem Sterbebette. Auf seinem späteren, unweit Görlitz, an der Bahn nach Dresden gelegenen Besitz „Krobnitz", habe ich oft mit diesen lieben Menschen schöne Wochen verlebt. Das Schloß ist geräumig, aber äußerlich nicht geschmackvoll, da es aus einem alten Wohnhaus umgebaut wurde. Vor der bedeckten Vorfahrt stehen 2 französische Geschütze, die der Kaiser seinem Feldmarschall geschenkt hat. Die Umgegend ist sehr lieblich, wie die ganze Oberlausitz. Sehr hübsche, erst vom Grafen Roon selbst angelegte Anpflanzungen, führen vom Schloß zu dem von ihm erbauten Mausoleum, in welchem er jetzt ausruht von den Mühen seines Lebens. Diese Anlagen hat Graf Roon mit vieler Freude selbst geleitet und sich zum Transport der größeren Bäume, der Hinterräder der obenerwähnten Geschütze bedient. Er amüsierte sich dabei in dem Gedanken, was Napoleon wohl zu dieser Verwendung seiner so bombastisch gegen Deutschland ins Feld geführten Kriegsgeräte sagen würde.

Weiterhin sind alte Anlagen – das Friedenstal, welches ein gern besuchter Platz für Missionsfeste ist. Eine Kirche hat Krobnitz nicht, es ist eingepfarrt in dem dicht am Friedenstal liegenden Meuselwitz, und oft haben wir das freundliche Gotteshaus besucht!

Eines Abends waren Graf und Gräfin Roon allein zur Kirche gefahren, – da dort Abendmahl gefeiert wurde. Bei der Rückkehr sagte er: „Was ist doch der Mensch für ein schwaches Wesen! Soeben hatte ich meine Sünden bekannt und aufrichtig bereut. Da, als ich in den Wagen steigen wollte, ließ der Kutscher die Pferde anrucken, und wenig fehlte, das eine an der Kirchtür stehende Frau verletzt wurde. Nun fuhr ich den Kutscher fluchend an und stieg dann tief beschämt ein."

Wie hat doch Gottes Gnade an diesem Manne während seiner ganzen Lebenszeit gearbeitet, um ihn zu solcher Frömmigkeit zu führen; Erziehung und Belehrung als Kind haben es nicht getan. Von seiner Einsegnung erzählte er mir oft. Er war Kadett in Kulm. Der reformierten Kirche angehörend, welche damals noch strenge von der anderen geschieden war, konnte er an der Vorbereitung zur Einsegnung seiner Kameraden nicht teilnehmen. Eines Tages kam ein reformierter Prediger nach Kulm. Da wurde Roon vom Gouverneur aus dem Klassenunterricht gerufen, mußte einen guten Rock anziehen, wurde eingesegnet, genoß das Abendmahl, zog den guten Rock aus, und ging in die Klasse zurück.

Wie er überhaupt dazu gekommen ist, Kadett zu werden, erzählte er mir auch. Er hatte die Eltern früh verloren und wuchs bei einer alten, sehr treuen Tante in Pommern auf. Dort war er zunächst der Sorge eines alten Dieners überlassen und hat diesem beim Messerputzen u. dgl. oft geholfen. Dies veranlaßte später eine Mutter, die es hörte, zu der Äußerung: „Wüßte ich, daß Messer putzen so gute Erziehungsresultate zeitigte, meine Jungens sollten dies von früh bis spät tun." Schließlich war's nun aber doch wohl besser für den jungen Roon, auch anderes zu treiben.

Da erbarmte sich des Knaben ein Vetter, Premierleutnant von Blankenburg, der in Berlin beim Regiment Alexander stand und in der Kaserne in der Münzstraße wohnte. Von dort aus besuchte der junge Roon die Schule. Während des Manövers bekam er Kostgeld, „Und das fraß ich," sagte er, „in den ersten Tagen für Pfannkuchen auf, die ich von einer in der Nähe ausstehenden Hökerfrau kaufte." „Freilich," fügte er hinzu, „wurde dadurch mein Wunsch, einmal in eine, ganz mit Pfannkuchen gefüllte Stube geführt zu werden und mich dann bis zur andern Tür durchzuessen, noch lange nicht erfüllt."

Der Knabe lebte außer den Schulstunden meist auf der Straße. Eines Tages – es war im Winter– hatten sich die Jungens eine Schlidderbahn auf dem Bürgersteig angelegt. Vetter Blankenburg steht am Fenster und sieht den Kommandeur der Kadettenanstalten, Generalleutnant v. Borstell in die gefahrdrohende Nähe der Knaben kommen. Und, o Entsetzen, Roon läuft ihm gerade zwischen die Füße, und der kleine, untersetzte Mann setzt sich mit Vehemenz auf die schmutzige Straße. Der Vetter stürzt hinunter, kommt auch zurecht, dem Gefallenen aufzuhelfen und überhäuft ihn mit Entschuldigungen über das Ungeschick des jungen Sünders. Er erwähnt, daß der Knabe ja nicht am rechten Platz lebe. Alle Bemühungen, eine Kadettenstelle für ihn zu erhalten, seien vergeblich gewesen, und da müsse es leider so gehen.

Der alte Herr, welcher sein Mißgeschick freundlich trug, sandte nach 14 Tagen die Einberufung für Roon in das Kadettenhaus nach Kulm. Dieser sagte später oft: „Ich wäre heute noch nicht Kadett, wenn ich den alten Borstell nicht umgerannt hätte."

Nach Kulm fuhr er dann mit anderen Kadetten in mehreren Tagereisen auf Leiterwagen, trotz winterlicher Kälte in einem dünnen Mantel. Manch Muttersöhnchen jetziger Tage friert wohl schon bei dem Gedanken an solche Fahrt.

Zwischen dieser Reise und jenem Tage, welcher den Greis hinüberführte durch die Pforte des Todes zu ewigem Leben, liegt viel Zeit und viele weltbewegende Ereignisse, bei denen auch seine Hand eingriff in das Rad der Geschichte seines Vaterlandes. Berufenere Federn haben darüber berichtet.

Ich möchte nur von seinem Tode und jenen letzten Tagen erzählen, wo der Scheidende noch klar bei Bewußtsein war. Roon lag schwerkrank zu Berlin im Hôtel de Rome. Den Kindern war telegraphiert, aber noch hatte keins von ihnen kommen können. Da hatte Gräfin Roon mich zu ihrer Hilfe bei der Pflege des teuren Kranken gerufen. Bald nach mir kam Generalsuperintendent Büchsel, der dem Roonschen Hause nahe befreundet war. Mit der Gräfin kniete ich am Bette, und Büchsel reichte uns, nach tief ergreifender Ansprache, das Abendmahl. Nach der Feier rief der Kranke laut: „Mein Gott, ich bitt' durch Christi Blut, mach's nur mit meinem Ende gut." Oft hatte ich selbst diese Worte gesprochen und mit Ernst gebetet, seitdem ich sie aber dort und in jenem Augenblicke gehört habe, sind sie mir immer ein besonders ernster Mahnruf an das: „Wer weiß, wie nahe mir mein Ende."

Still saßen wir dann am Bett. Die Hand der Gattin hielt er fest, und daher durfte ich ihm Glas oder Tasse reichen, wenn er etwas verlangte. Jedesmal drückte er mir die Hand und küßte sie sogar einmal trotz meines Widerstrebens. Auch sagte er, in Erinnerung daran, daß beide früher gewünscht hatten, ich solle zu ihnen nach Krobnitz in ein hübsches Häuschen des Dorfes ziehen und ich dies nicht angenommen hatte: „Eigentlich bin ich böse, daß Sie nicht zu uns kommen wollten, werde ich aber wieder gesund, dann müssen Sie doch kommen."

An dem früh hereinbrechenden Abend des winterlichen Tages, es war der 21. Februar 1879, hieß es – der Kaiser kommt. Dieser hatte schon am Morgen seinen Besuch melden lassen, im Fall die Ärzte einen solchen gestatteten.

Die Gräfin ging dem Kaiser entgegen, der noch von seiner Verwundung her den einen Arm in der Binde trug, und führte ihn an das Krankenbett. Ich trat leise in das Vorzimmer zurück, von wo aus ich aber sehen und hören konnte, was bei dem Kranken vorging. Der Kaiser setzte sich am Bett nieder und dankte in bewegten Worten dem teuren Mann, der ihm mehr Freund als Diener gewesen, für seine treuen und so wichtigen, ihm und dem Vaterland geleisteten Dienste. Er brachte Grüße, von, wie er sagte, „meiner Frau," und ergänzte, als Roon dies nicht zu verstehen schien, „von der Kaiserin"; dann sagte er: „Ich folge bald, bestellen Sie Quartier dort oben", küßte den Sterbenden auf die Stirn und trat zu mir in das andere Zimmer. Während die Gräfin hinausging, da ihr ältester Sohn, der General Waldemar Roon gekommen war, fragte er mich: „Wer sind Sie?" und als ich meinen Namen genannt hatte, reichte er auch mir die Hand, die ich tiefbewegt küssen wollte, und ging dann zur Tür. An den Rahmen derselben lehnte der Kaiser die Stirn, bemühte sich, Herr seiner tiefen Bewegung zu werden und trocknete mit dem Taschentuch die aufgestiegenen Tränen.

Als die Gräfin mit dem Sohne eintrat, begleiteten beide den Kaiser zum Wagen, und ich ging zu dem Kranken. Mit der Anrede, die er oft gegen ihm liebe Menschen gebrauchte:

„Liebes Kind" ergriff er meine Hände und sagte: „Das war zu schön!"

Dies sind die letzten Worte, die ich von ihm gehört habe, da ich der Gattin und dem Sohn den Platz räumte, noch die Fürstin Bismarck, welche bald darauf kam, begrüßte und dann fortging.

Am anderen Tage war der teure Mann schon bewußtlos und verschied am Sonntag den 23. abends.

Der Leichenfeier in der Garnisonkirche blieb der Kaiser wegen Unwohlseins fern, aber die Kaiserin erschien und der Kronprinz begleitete, trotz des Schneetreibens, den Leichenzug zu Fuß bis zum Görlitzer Bahnhofe, den Feldmarschallstab in der Hand.

Wenn viele beklagten, daß Roon fern von seinem Heim, in Berlin im Hotel starb, so habe ich dies nie bedauert. War es ihm doch in seiner letzten Krankheit eine Freude, von seinem Stuhl und zuletzt vom Bett aus, nach dem Fenster des Kaisers hinüberzusehen. Einmal sagte er, er sei der Toggenburg, der nach dem Fenster seiner Liebe schaue, und welche erquickende Freude auf seinem Sterbebette waren ihm dieser letzte Dank, dieser letzte Besuch.

Auch das Volk erkannte, wie der Kaiser seinen Feldmarschall liebgehabt hatte und ihn noch nach dem Tode ehrte. Es sah den feierlichen Leichenzug des Mannes, der das Schwert geschärft für den großen Krieg. Trat auch im Leben seine treue und stillere Arbeit oft hinter den glänzenden Erfolgen Moltkes und Bismarcks zurück, so wurde doch jetzt die Erinnerung daran, was dieser große Mann gewesen war und was er gewirkt hatte, wieder lebendig.

Roon war zu Grabe getragen, Bismarck lebte noch.

Obgleich Bismarck selbst, ebenso wie seine Frau mir immer freundlich begegnet sind, bin ich doch nie zu intimem Verkehr mit ihnen gekommen. Sie waren zu sehr in Anspruch genommen, und ich sagte mir, daß es besser sei, den mächtigen Verwandten nicht angerufen zu belästigen. So konnte ich auch am besten den vielen wunderlichen Anforderungen, die man um Fürsprache beim Fürsten an mich stellte, entgehen.

Es war oft lächerlich, was man alles von mir erwartete. Bald wünschte jemand eine Anstellung als Gärtner in Varzin, ein anderer hielt einen Försterposten in Friedrichsruh für erwünscht, ein dritter wollte für sich, einen Sohn oder einen Vetter eine Stelle im Ministerium usw. usw.

Aber nicht nur Ansprüche, die an mich gestellt wurden, auch Ehrungen, die bisweilen nicht minder peinlich sein konnten, trug mir mein berühmter Name ein. Es war im Herbst 1866 – des Jahres, in dessen Anfang Bismarck wohl einer der unpopulärsten Männer gewesen ist. Selbst auf den alten König übertrug sich die Unbeliebtheit – man sprach von verwerflichem Bruderkrieg – und ich habe es selbst erlebt, daß, als der König nach der Kriegserklärung im Tiergarten spazierenfuhr, ihn kaum einer der zahlreichen Spaziergänger dort grüßte. Zwei andere Damen und ich, wir stellten uns darauf direkt am Wege auf und setzten, als der ernstblickende Herrscher vorüberkam, unsern tiefsten Knix hin, über den wir verfügten. Wir hatten auch die Genugtuung, daß der König uns sah und freundlich grüßte.

Nach dem kurzen, glorreichen Kriege war die Volksstimmung umgeschlagen, und ich sah vom Balkon des Schlosses aus den König unter dem Jubel der Menge an der Spitze seines siegreichen Heeres zurückkehren. Bismarck war aus der bestgehaßten – die beliebteste Persönlichkeit geworden. Ein Abglanz davon fiel auch auf mich.

Von irgendeinem Komitee, ich weiß nicht mehr von welchem, war im Krollschen Etablissement ein Fest für zurückgekehrte Landwehrleute veranstaltet. Als Mitglied des Vereins zur Unterstützung der Landwehrfrauen war auch ich aufgefordert. Unten in dem großen Saale tafelten die Geladenen, während Oben, in den Logen die Damen des Komitees und der Vereine saßen. Es wurden Reden gehalten, Toaste ausgebracht, und die Wogen der Begeisterung gingen höher und höher; dabei entstand nachgerade eine glühende Hitze.

Eben hatte sich Paulus Cassel, mindestens gesagt, recht ausgiebig ausgesprochen. Ich fühlte mich vom Genossen befriedigt, von der Hitze erschöpft und beschloß, mich stillschweigend zurückzuziehen.

Ich gelangte ohne Anfechtung die Treppe hinunter; aber man soll nicht zu früh das Ende loben, denn das Unheil ereilte mich noch an der Schwelle des Ausganges. Ein alter Bekannter, der Amtsrat Beier, erkannte mich und rief: „Wollen Sie uns schon verlassen, gnädiges Fräulein? O nein, das darf noch nicht geschehen!" Er bot mir den Arm und führte mich, die ich nichts Böses ahnte, sondern glaubte, er wolle mich zur Tür geleiten, in den überfüllten Saal. Kaum waren wir eingetreten, als er mit lauter Stimme rief: „Meine Herrschaften, hier ist eine Dame, die trägt den Namen, welcher heute schon oft gefeiert ist. Sie hat uns arbeiten helfen. Wir müssen alles ehren, was dem großen Manne nahe steht, also auch sie; und so rufen wir denn: „Fräulein v. Bismarck lebe hoch !" und Hoch, Hoch, Hoch riefen ein paar hundert Landwehrkehlen.

Ich war wirklich entsetzt und glaube kaum je ein so dummes Gesicht, eine so ungeschickte Verbeugung gemacht zu haben, wie in jenem Augenblick.

Nachdem ich noch verschiedene schmeichelhafte Redensarten hatte anhören müssen, gelang es mir endlich, den Rückzug anzutreten; aber nicht allein. Der gute Beier und ein anderer Herr führten mich hinaus, riefen eine Droschke heran, und ich war froh, endlich heimfahren zu können.

Spaßhafter war es schon, als ich einst in Jena eine Freundin besuchen wollte und vorher bei meinem Bruder in Merseburg eingekehrt war. Dieser hielt mich einen Tag länger zurück, und ich depeschierte nach Jena: „Komme morgen 4 Uhr. Bismarck." Bei meiner Ankunft fand ich eine große Menschenmenge auf dem Bahnhof versammelt und die Gebäude festlich geflaggt. Warum, daß wurde mir klar, als ich den Bahnhofsinspektor sagen hörte: „Der Fürst ist nicht gekommen" – und herzlich lachend fuhr ich mit meiner Freundin in der bescheidenen Droschke von dannen.

Zu dem, was der Name Bismarck mir Freundliches brachte, gehört eine Begegnung, die ich in der Schweiz, in Heinrichsbad, erlebte. Dort, wo unter Pfarrer Wengers kluger Leitung Menschen aus den verschiedensten Lebensstellungen harmonisch vereint lebten, befand sich unter den Gästen des Hauses eine alte Frau aus Zürich; die große Haube bezeichnete sie als einfache Bürgersfrau.

Schon durch mehrere Tage hatte sie mich freundlich gegrüßt, mir auch wohl die Hand geboten, und wir hatten einige Worte gewechselt, die mir zwar durch die Schweizer Mundart kaum verständlich geworden waren.

Da vertraute mit Pfarrer Wenger eines Tages an, daß sie glühende Bismarckschwärmerin sei und sich brennend wünsche, ein Glied der Familie küssen zu dürfen.

174

Natürlich ging ich am nächsten Tage der alten Schweizerin entgegen, als wir uns frühmorgens im Eßsaal trafen, schloß sie in meine Arme, und mit feurigem Kuß besiegelten wir eine für den ganzen Aufenthalt während Freundschaft.

Freudiges Beifallklatschen der Tischgesellschaft, die den Wunsch der Alten kannte, wurde uns zuteil.

Anders hätte es in Schwalbach gehen können. Ich telegraphierte dorthin an die erkrankte Frau v. Langenn-Steinkeller, die meiner zur Pflege bedurfte: „Langenn, Schwalbach, Hotel Herzog Ernst von Nassau. Komme heute. Bismarck." Hierbei hatte ich außer acht gelassen, daß der Badeort „Langen"-Schwalbach heißt, und so war das Telegramm an den Hotelwirt gelangt, indes Frau v. Langenn vergeblich auf meine Anmeldung wartete. Der Wirt hatte für die vermeintliche Ankunft meines großen Vetters eine ganze Reihe von Zimmern in Bereitschaft setzen lassen; als ich ankam, wurde mir erklärt, es sei nichts mehr frei. Nun klärte sich der Irrtum bald auf, und ich blieb nicht obdachlos.

In Potsdam ging ich einmal im Garten, nahe der Friedenskirche spazieren. Der Eingang zu dem sonst verschlossenen Teil des Gartens stand offen, und ich trat ein. Mich des schönen Flieders und der anderen Blütenpracht erfreuend, verweilte ich länger und fand schließlich die Pforte geschlossen. In einiger Entfernung waren Arbeiter beschäftigt; als ein Herr, wohl ein Obergärtner, zu ihnen trat, bat ich um Entschuldigung, eingedrungen zu sein, sprach aber zugleich die nicht unberechtigte Bitte aus, wieder hinausgelassen zu werden. Der Herr war sehr freundlich bereit dazu, fragte aber, wem er die Ehre habe, zu öffnen. Als ich meinen Namen nannte, erschöpfte er sich in Entschuldigungen: er kenne nicht alle Damen des Hofes, sonst wäre gewiß nicht zugeschlossen worden. Dann rief er, als ich zum Tore hinaus, aber noch in Hörweite war, einem der Arbeiter zu: „Dieser Dame wird jederzeit aufgeschlossen."

Da er mich später nicht wiedergesehen hat, mag er vielleicht der Ansicht jenes Droschkenkutschers gewesen sein, der mich einst, als er und ich durch Bismarcks vorüberfahrenden Wagen aufgehalten wurden, fragte: „Kennen Sie den?" Und auf meine Erwiderung: „Jawohl, er ist mein Vetter", brummte: „Na, duhn Se man nich so jroß." Und doch war es wirklich mein Vetter; er erkannte mich aber wegen seiner großen Kurzsichtigkeit bei dieser Gelegenheit nicht. Stets hat er sonst, soviel an ihm lag, die Kinderfreundschaft aufrecht erhalten. Doch brachten es die Verhältnisse mit sich, daß sich ihm die Gelegenheit, es zu zeigen, so selten bot. Einmal im Jahre 1866 war ich zu einer größeren Soiree im Bismarckschen Hause, bei der auch die Königin Augusta und die Kronprinzessin erschienen. Ich erinnere, daß die Gräfin Bismarck ein gelbes Kreppkleid und dunkelrote Rosen trug, und daß ihre Tochter Marie, die in dem Winter zum ersten Mal ausging, mit ihren blauen Augen, dunklem Haar und schönen Farben eine überaus liebliche Erscheinung war. Bismarck machte auch seinen jüngeren Gästen gegenüber einen sehr liebenswürdigen Wirt; so sah ich, wie er einige Leutnants eine ganze Zeitlang damit unterhielt, daß er die Zeiger einer Kuckucksuhr, die sie betrachteten, mehrere Male umdrehte und den Vogel zwang, immer wieder herauszukommen.

Im Alter gedenkt man gern seiner Kinderzeit und so trieb es mich die Stätte, wo meine Wiege gestanden, wo ich mit Otto gespielt hatte, noch einmal wieder zu sehen. Anfang der neunziger Jahre, gelang es mir, diesen Plan auszuführen, und ich reiste nach Schönhausen.

Wie hatte sich die äußere Gestalt meiner Heimat verändert, seit ich so glückliche Kindertage dort verlebte! Wäre nicht die Kirche gewesen, mit dem breiten, plumpen Turm, der noch die alten Risse zeigte, hätten nicht die beiden Herrschaftshäuser auf derselben Stelle gestanden, ich hätte es nicht wiedererkannt!

Ich betrat den Garten von Ottos Elternhause, um unsere Spielplätze aufzusuchen. Über 70 Jahre waren vergangen, seitdem diese Stätte von unsern Kinderstimmen widerhallte. Da war die alte Steintreppe, die einzelnen Platten noch lose, wie ehedem; schon als Kind wurde ich davor gewarnt, damit ich nicht fiele; der kleine Teich, an dem ein Apoll aus

Sandstein und eine Flora standen. Er hatte die Leier, sie das Füllhorn mit Blumen, die ihnen schon damals fehlten, noch immer nicht wieder bekommen.

Jenseits der Lindenallee, die sich von einem Ende des Gartens zum andern hinzieht, befand sich früher ein ziemlich wüstes Gehölz, in dem ein Herkules seine klassische Unbekleidetheit versteckte. Otto machte diesen Heros zur Zielscheibe seiner Schießübungen, und der breite Rücken zeigte noch die Spuren seiner Schroten. Jetzt war das Gehölz gelichtet, aus den Herkules führte ein Weg zu, er stand ganz frei.

Der Nimbus, der für mich in dem Graben lag, der von der einen Seite der vorhin erwähnten Lindenallee aus das Gehölz inselartig umschloß, war, als ich es jetzt wiedersah, geschwunden. Damals führte ein morscher Steg, den ich nie betreten durfte, über den schlammigen Graben, in dem schwarze Schnecken umherkrochen, zu dem Gehölz und zu einem Lusthaus, das halb verfallen, mit zerbrochenen Fensterscheiben, mir wie aus dem Märchenlande erschien, da wundervolle Rosen ringsumher blühten.

In unserm ehemaligen Hause ist in der einen Hälfte jetzt das Bismarckmuseum. In dem großen Saal oben haben meine Ahnen den großen Bildern der Kaiser und Könige Platz machen müssen. Wie hoch erschien mir der Raum früher, und nun reichen die Bilder bis an die Decke, die sie fast zu erdrücken scheint. In den angrenzenden Zimmern, in deren einem ich geboren bin, nicht, wie die Zeitungen sagten, der Reichskanzler, dessen Wiege ja im anderen Hause stand, hat man die verschiedenen Geschenke aufgestellt, die dem Fürsten gewidmet sind.

In unsern ehemaligen Wohn- und Prunkzimmern sah es, wie oft in unbewohnten Häusern, recht wüst aus. Tapeten hingen in Fetzen herunter, und durch die blinden Scheiben schien kaum das Tageslicht, so daß man nicht hinaussehen konnte. Besonders nach der Gartenseite hin brauchte man dies allerdings nicht zu bedauern; der Garten war wenig gepflegt, und die polnischen Schnitter, welche die eine Seite des Hauses bewohnten, trockneten auf Sträuchern und Hecken ihre am Sonntagmorgen gewaschenen Kleidungsstücke.

Das alte Pfarrhaus hatte einem neuen weichen müssen, und, was mir fast wehtat, der Feuerrosenstrauch, wie ich ihn in solcher Größe nie wieder gesehen habe, fehlte auch. Aber, war nicht 70 mal der Sommer gekommen und vergangen, seit ich mich an seinem Blühen gefreut hatte, und waren nicht auch am Baum des Lebens viel Rosen verblüht? Ihre Dornen hatten Wunden gerissen, die nie ganz heilen können.

Das Dorf machte den Eindruck eines freundlichen Landstädtchens. Das lange Haus des Bauern Bittelmann mit dem hohen, grünbewachsenen Strohdach, unserm Wohnhaus gegenüber, war durch eine Villa mit Veranda ersetzt. Ebenso Rohdes kleiner räucheriger Katen, der an unsern Garten stieß. An dieser Stelle war damals ein großes Loch in der Mauer, durch das man bequem einsteigen konnte, und das Rohdes Jungen fleißig benutzten, um zu untersuchen, ob unsere Äpfel reif wären. Im ganzen Dorf ist wohl kaum noch ein Strohdach, alles hat so zierlichen Bauten weichen müssen, wie jene zwei Häuser. Wie mögen die jetzigen Besitzer lachen, wenn sie des Knüppels gedenken, durch welchen damals die Dienstfuhren geregelt wurden.

Aber die Menschen stehen sich nicht mehr so nahe wie zu jener Zeit, wo eine Hochzeit ein Fest für das gesamte Dorf war, und wo der Todesfall, der eine Familie betroffen, auch die anderen zur Trauer stimmte.

Infolge dieser Reise nach Schönhausen sah ich Bismarck wieder. Die alte Gewohnheit, ihm alle Jahr zum Geburtstag zu schreiben, ließ mich im Jahre 1896 erwähnen, daß ich Schönhausen und die Gärten dort, den Schauplatz unserer Kinderspiele, noch einmal aufgesucht habe.

Die Erwiderung auf meinen Brief, gleich vom 1. April datiert, sagte mir, daß auch er noch gern an die Schönhauser Zeit dachte und sich freuen würde, wenn ich ihn in Friedrichsruh besuchen wollte.

Solcher Einladung folgte ich gern und fragte nach kurzer Zeit an, ob ich kommen und als Begleiter den Sohn meines Bruders, einen jun-

178

gen Leutnant mitbringen dürfe. Die Antwort war, ich solle nur Tag und Stunde unserer Ankunft nennen, damit der Courierzug in Friedrichsruh halten könne.

Auf dem Bahnhof in Berlin kostete es Mühe, Billetts nach Friedrichsruh zu bekommen, da man sagte, der Zug hielte dort nicht. Erst die bestimmte Versicherung, die Einladung und Weisung des Fürsten erhalten zu haben, sowie die Nennung meines Namens hob endlich die Schwierigkeit, und wir fuhren ab. Mein jugendlicher Begleiter war in seinem Geist mindestens um einige Zoll gewachsen.

Als nun der Zug in Friedrichsruh hielt, war es nicht allein unsertwegen, denn Graf Rantzau reiste ab. Gräfin Marie geleitete ihn zum Coupé, und uns empfing einer ihrer Söhne, dem die Mutter bald folgte.

Schloß wurde Friedrichsruh oft genannt, aber mit Unrecht, wenn man seine äußere Gestalt betrachtet. Dachte man jedoch daran, wen das Innere barg, dann freilich mochte auch diese Bezeichnung noch unzureichend erscheinen.

Eine Doppeltür führte in das Innere. Wenige Stufen hinansteigend betrat man einen kleinen Flur; von diesem führte eine Tür in ein Dienerzimmer, eine andere in den Flügel, der dem alten Hause angebaut ist, und unten Dr. Chrysanders Arbeitszimmer und die Zimmer des Fürsten enthielt, während im oberen Stock die Wohnung der Rantzauschen Familie war. Von einem zweiten Vorraum aus gelangte man in die Wohnzimmer, zwei größere und ein kleineres, ich denke das Privatzimmer der Fürstin. Schließlich das Eßzimmer, der größte Raum des Hauses, der aber trotzdem die oft gehörte Äußerung des Fürsten, er habe nicht Platz für viele Gäste, rechtfertigte. Vor dem Eßzimmer lag eine ziemlich geräumige Veranda, davor ein freier Platz, wo gelegentlich Deputationen den Fürsten begrüßten, indes er dieselben von der Veranda aus anredete. In diesem Eßzimmer fanden wir ihn am Frühstückstisch.

Er trat mir freundlich entgegen, küßte mich auf die Stirn, und, ich muß sagen, als er so vor mir stand, hatte ich, obgleich er sich auf einen Stock stützte, wie ich, den Eindruck vollkommener Kraft. In dem klaren blauen Auge lag eine Welt, die von großer Vergangenheit sprach und still und klar, aber unendlich schmerzlich, die Gegenwart erfaßte.

Der Frühstückstisch war einfach hergerichtet, ein warmes Gericht, kaltes Fleisch und Eier. Der Fürst selbst aß wenig; sehr heftige, neuralgische Schmerzen im Gesicht hinderten ihn wohl daran. Dem Wein sprach er reichlicher zu. Es wurde mit Bier angefangen, dann Rotwein und Champagner, von welchem, nachdem er die erste Sorte für zu leicht befunden, eine stärkere gebracht wurde.

Die Tischgesellschaft bestand aus Gräfin Rantzau, deren Söhnen, dem Hauslehrer und Dr. Chrysander. Dieser brachte, da mit uns zugleich die Post gekommen war, verschiedene Briefe, ebenso wie zahlreiche einlaufende Depeschen, Glückwünsche zu der Geburt des ersten Bismarck-Enkels in Königsberg. Telegramme vom Kaiser und fast von allen Potentaten sprachen freudige Teilnahme an dem solange gewünschten Ereignis aus.

Bis 3 Uhr blieb der Fürst am Frühstückstisch sitzen. Er sprach fortwährend in anregendster Weise und zitierte mit bewunderungswürdigem Gedächtnis Stellen aus seinen Kammerreden. Dabei rauchte er drei Pfeifen, welche neben seinem Platz bereit standen, machte mit dem historischen langen Bleistift Notizen für Dr. Chrysander, hielt sich aber freilich oft mit den aufgestützten Armen das Gesicht, wenn die Schmerzen zu heftig wurden. Das Rauchen steigert sie im ersten Augenblick, mildert sie aber dann.

Als er sich nach dem Frühstück zurückzog, sprach er sein Bedauern aus, nicht mit mir spazierenfahren zu können, aber die Gesichtsschmerzen erlaubten ihm nicht, im Freien zu sprechen. Gräfin Rantzau fuhr täglich mit uns in die herrliche Friedrichsruher Forst hinaus. Hirsche sahen wir oft und gelangten auch, in einem eingezäunten Teil des Waldes, an die Futterstelle der Wildschweine, wo eine Anzahl alter Bachen mit 70–80 Frischlingen ungestört um den Wagen herumliefen. Die Jagd ist, da der Fürst sie nicht mehr ausüben kann, an Hamburger Herren verpachtet.

180

Jedesmal, wenn wir hinausfuhren, war vor dem Tore des Gartens eine Menge Menschen versammelt, welche hofften, den Fürsten zu sehen. Das schon in den Kehlen stehende „Hurra" erstarb in traurigem: „Er ist nicht drin". Unfern vom Hause läuft ein kleiner Fluß, die Oye, an deren Ufer sich unter Bäumen Wege hinziehen, welche durch Brücken verbunden sind.

Auf einer kleinen Ausbiegung des dem Hause zunächst liegenden Weges befand sich ein von geflochtenen Reisern gebildetes großes Bauer, das mit Sträuchern bedeckt war; in diesem schlugen Nachtigallen – ein Geschenk ferner Freunde; der Fürst hoffte, daß sich diese gefiederten Sänger später im Walde ansiedeln sollten. Der Weg führte auch zu einem Miniaturküchengarten, in welchem einige Erdbeeren, etwas Bohnen, Salat u. dgl. wuchsen und der ein, als *propre crû* angestauntes Gericht Spinat, welches auf dem Frühstückstisch erschienen war, geliefert hatte.

In etwas weiterem Verlauf dieses Weges kommt man an das Stück freies Feld, auf welchem der Kaiser dem Fürsten die 7. Kürassiere vorgeführt hat, und, wie man aus so vielen Bildern sieht, der Fürst im Wagen, neben ihm der Kronprinz, die Truppe an sich vorüberziehen ließ.

Die Bäume des Waldes erstrecken sich so dicht an das Haus, daß nur ein Fahrweg frei ist. Kleine Gartenanlagen mit Rosensträuchern sind vor den Fenstern des Fürsten, vor dem Hause ein blühender Magnolienbusch. Sonst keine Blumen – auch kein Flieder, der doch sonst überall gerade so üppig blühte.

Jeder Tag aber brachte Rosen in Fülle aus den Eßtisch von Hamburger Gärtnern, bei ihnen von Freunden und Bismarckverehrern bestellt. Überhaupt kamen fast jeden Tag Geschenke. Der Kammerdiener Pinnow führte genau Buch darüber und wußte auf jede Frage des Fürsten nach dem Spender zu antworten.

Der Tisch war einfach – auch bei dem Diner um 7 Uhr, zu dem sich oft Gäste einfanden; während meiner Anwesenheit nur Baron Merk mit Gemahlin. Sie lebten im Sommer in der Nähe von Friedrichsruh – im Winter in Hamburg. Dem Fürsten wurde eine große Tasse voll dicker

Suppe serviert, die anderen fingen mit Fisch oder Hummer an, dann folgte ein Gemüse, Braten, Obst, Käse u. dgl. Kaffee wurde beim Frühstück am Tisch, nach dem Diner im Nebenzimmer herumgereicht. Der Fürst saß dann auf einem Stuhl und lehnte beide Füße auf einen anderen. Auf dem Tisch neben ihm lagen Massen von Zeitungen, die er durchsah. Fand er einen Artikel, der ihn interessierte, so legte er das Blatt beiseite, während er die anderen Zeitungen auf den Boden warf. Währenddessen sprach er auch mit den Anwesenden, und wir gerieten eines Abends in lebhafte Unterhaltung über Herrn von Diest-Daber, welcher ihm so feindlich entgegengetreten war, und durch den auch ich Betrübendes erfahren hatte. Diest war es ja, der Herrn v. Wedemeyer, als dieser durch den Tod seiner Frau in tiefster Seele erschüttert war, immer wieder in die Politik hineingedrängt und ihn in irrige Ansichten über Bismarcks Tun verstrickt hatte. Ich konnte Otto den wahren Sachverhalt darstellen und ihn über die selbstlosen Absichten Herrn v. Wedemeyers aufklären. Bismarck sagte zum Schluß: „Das freut mich, daß ich es höre; den Mann habe ich liebgehabt, und deshalb schmerzte es mich um so mehr, ihn unter meinen Gegnern zu finden."

An einem anderen Abend. als das Gespräch auf unsere Kindheit kam, machte ihn die von mir zitierte Äußerung meiner Mutter: „Was Du nicht von Torheiten weißt, das lernst Du von Otto", zwar herzlich lachen, aber das Faktum wollte er nicht zugeben und meinte, er sei ein viel zu gesitteter Knabe gewesen, als daß so etwas hätte von ihm gesagt werden können; der Verführer sei entschieden Bernhard, sein älterer Bruder gewesen. Das mußte ich bestreiten, denn Bernhard, um 5 Jahre älter als wir beide, fühlte sich damals schon zu erwachsen, um mich, die Sechsjährige, als Spielgenossin zu wählen.

Unser Aufenthalt in Friedrichsruh war durch das damals nur 4 Tage geltende Retourbillett beschränkt, und der Tag unserer Abreise brach an. Der Zug, mit dem mein Neffe und ich zurückreisen wollten, ging am Nachmittag; wir nahmen daher Abschied beim Aufstehen von der Frühstückstafel. Als ich dem Fürsten die Hand reichte, war es wohl unwillkürlich, daß wir uns einige Augenblicke schweigend gegenüberstanden, wußten wir doch beide, daß es wohl ein Abschied fürs Leben sein werde. Er, der für die ganze Welt gelebt, für den Schönhausen mit seinen Erinnerungen nichts Schmerzliches hatte, wie für mich, sah doch auch wohl sinnend auf die langen Jahre zurück, die vergangen waren, seitdem wir als Kinder dort spielten.

Wieder küßte er mich auf die Stirn, drückte mir die Hand und sagte: „Lebe wohl!" Welche Kämpfe waren durch dies Herz gezogen, bis der Mann so still vor mir stand. Aus seinen Augen sprach etwas von dem Schmerz, dem er in seinen Memoiren Worte verleiht. Verlassen und einsam fühlte sich dieser große Schöpfer des Deutschen Reiches, als sein langes arbeitsreiches Leben, sein rastloses Schaffen in diesem stillen Hafen ausklang.

Mir aber tönt sein „Lebe wohl" noch heute wehmütig in der Seele nach. – – –

Nun ist – seitdem ich dies schrieb, das Auge, das damals so freundlich auf mir ruhte, geschlossen. Das Herz steht still, das für so Großes geschlagen und um so Vieles gerungen und getrauert hat. Der Geist ruht aus von aller Unruhe, von allem Schaffen. Was alles war an diesem Auge vorübergezogen, was alles hatte dieser Geist erfaßt und ausgeführt. Nicht nur das Geschick einzelner Menschen, das Geschick ganzer Völker hatte in seiner Hand gelegen. Jedoch hat diesem Manne mit der kalten Überlegung, mit der starken Leidenschaft des überwältigenden eisernen Willens keineswegs ein wahrhaft christlicher Sinn gefehlt; wer einmal gesehen hat, wie sich diese gewaltige Hand zum Tischgebet faltete, wird das nicht bestreiten. Noch weniger fehlte ihm die Tiefe eines warmen Herzens, die sich nicht nur in seinem Hause zeigte, sondern vor allem in der begeisterten Liebe, mit der er an seinem greisen Kaiser hing, in dem er immer den Herrn, aber den heißgeliebten Herrn verehrte. Diese Liebe ließ den starken Mann, so erzählte mir die Fürstin einst, weinend niederknien an dem Lager seines von frevelnder Hand verwundeten Kaisers, und diese Liebe klang noch aus jedem Wort in seiner Unterhaltung, mit dem er die Vergangenheit berührte. –

Zur Ruhe hat man ihn gebettet. Die Weltgeschichte, die man sich kaum ohne ihn denken konnte, geht weiter. Wer weiß, ob Bismarck nicht in bezug auf manches, was die Zeit seitdem gebracht, kopfschüttelnd fragen würde, wohin das Schiff geht, das er einst so sicher gesteuert hat.

Außer seiner engsten Familie durfte kein Träger seines Namens ihm die letzte Ehre erweisen. Es ist mir immer ein Schmerz gewesen, daß es den Sprossen seines alten Stammes, dessen Namen er zu so hohen Ehren erhoben hat, nicht vergönnt war, ihn auf dem letzten Wege zu geleiten. Über seiner Ruhestätte haben die Glocken der Heimat, die über den Gräbern seiner Väter erklangen, nicht geläutet.

Aber die Erde ist überall des Herrn. Der Enthüllung seines Denkmals in Berlin habe ich beigewohnt. Es war ein großer Augenblick, als die Hülle fiel. Und ich konnte wohl, Schillers Wort umwandelnd, sagen: „Wer nur zum Stamm der Bismarck sich bekennt, der war des Namens stolzer sich bewußt." – –

Schlußwort

Ich bin am Ende. Ein neues Jahrhundert ist längst angebrochen, kaum kann es so viel umgestalten, wie das verflossene. Von vielen Erlebnissen haben diese Blätter erzählt, von dem, was mein eigenstes Leben betrifft, habe ich wenig gesprochen. Von vielen Menschen ist es für arm gehalten, und wie reich war es doch! Aber das trotzige und verzagte Menschenherz bleibt sich zu allen Zeiten gleich, so ist auch in gewisser Weise der Mensch stets derselbe. Leid und Freude wird immer in seiner Seele wechseln, Liebe und Selbstsucht darin streiten, mag auch das Leben dem einen ruhig dahin fließen, von Stürmen und Unwetter weniger heimgesucht, indessen einem anderen heiße Kämpfe nach außen, wilde Leidenschaften nach innen den Lebensweg bedrängen und erschweren. Wohl aber dem Menschen, der am Abend seines Pilgerlaufes, wenngleich unter Tränen sprechen kann:

„Der Herr hat Alles wohl gemacht," und bitten:

„Mein Gott, ich bitt' durch Christi Blut,
Mach's nur mit meinem Ende gut."

Regierungsführung Deutsches Reich

Deutsches Kaiserreich

Name	Amt	Amtszeit
Fürst Otto von Bismarck (1815–1898)	Reichskanzler	16.04.1871–20.03.1890
Graf Leo von Caprivi (1831–1899)	Reichskanzler	20.03.1890–26.10.1894
Fürst Chlodwig zu Hohenlohe-Schillingsfürst (1819–1901)	Reichskanzler	29.10.1894–17.10.1900
Fürst Bernhard von Bülow (1849–1929)	Reichskanzler	17.10.1900–14.07.1909
Theobald von Bethmann-Hollweg (1865–1921)	Reichskanzler	14.07.1909–13.07.1917
Georg Michaelis (1857–1936)	Reichskanzler	14.07.1917–01.11.1917
Graf Georg von Hertling (1843–1919)	Reichskanzler	01.11.1917–30.09.1918
Prinz Max von Baden (1867–1929)	Reichskanzler	03.10.1918–09.11.1918

Weimarer Republik

Name	Amt	Partei	Amtszeit
Friedrich Ebert (1871–1925)	Reichskanzler	SPD	09.11.1918–10.11.1918
	Vorsitzender des Rates der Volksbeauftragten		10.11.1918–11.02.1919
Hugo Haase (1863–1919)	Vorsitzender des Rates der Volksbeauftragten	USPD	10.11.1918–29.12.1918
Philipp Scheidemann (1865–1939)	Vorsitzender des Rates der Volksbeauftragten	SPD	29.12.1918–07.02.1919
	Reichsministerpräsident		13.02.1919–20.06.1919
Gustav Bauer (1870–1944)	Reichsministerpräsident	SPD	21.06.1919–14.08.1919

Name	Amt	Partei	Amtszeit
Konstantin Fehrenbach (1852–1926)	Reichskanzler	Zentrum	25.06.1920–04.05.1921
Joseph Wirth (1879–1956)	Reichskanzler	Zentrum	10.05.1921–22.10.1921 und 26.10.1921–14.11.1922
Wilhelm Cuno (1876–1933)	Reichskanzler	parteilos	22.11.1922–12.08.1923
Gustav Stresemann (1878–1929)	Reichskanzler	DVP	13.08.1923–03.10.1923
Wilhelm Marx (1963–1946)	Reichskanzler	Zentrum	06.10.1923–30.11.1923
Hans Luther (1879–1962)	Reichskanzler	parteilos	15.01.1925–5.12.1925 und 20.01.1926–12.05.1926
Otto Geßler (1875–1955)	Reichskanzler	DDP	12.05.1926–17.05.1926
Wilhelm Marx (1863–1946)	Reichskanzler	Zentrum	17.05.1926–17.12.1926 und 19.01.1927–12.06.1928
Hermann Müller (1876–1931)	Reichskanzler	SPD	28.06.1928–27.03.1930
Heinrich Brüning (1885–1970)	Reichskanzler	Zentrum	30.03.1930–07.10.1931
Franz von Papen (1879–1969)	Reichskanzler	Zentrum	01.06.1932–17.11.1932
Kurt von Schleicher (1882–1934)	Reichskanzler	parteilos	04.12.1932–28.01.1933

Nationalsozialismus

Name	Amt	Partei	Amtszeit
Adolf Hitler (1889–1945)	Reichskanzler	NSDAP	30.01.1933–31.07.1934
	Führer und Reichskanzler		01.08.1934–30.04.1945
Joseph Goebbels (1897–1945)	Reichskanzler	NSDAP	30.04.1945–01.05.1945
Johann Ludwig Graf Schwerin von Krosigk (1887–1977)	Leiter der Geschäftsführenden Reichsregierung	parteilos	02.05.1945–05.06.1945

In der Reihe *Deutsches Reich – Schriften und Diskurse: Reichskanzler*
ist bereits erschienen:

Bd. I/I
Otto Fürst von Bismarck, der erste Reichskanzler Deutschlands. Ein Lebensbild
Autor: Bernhard Rogge
ISBN (HC): 978-3-86347-036-4
(PB): 978-3-86347-035-7

Bd. I/IV
Otto Fürst von Bismarck. Bismarcks Briefwechsel mit dem Minister Freiherrn von Schleinitz 1858-1861
Autor: Otto von Bismarck
ISBN (HC): 978-3-86347-188-0
(PB): 978-3-86347-189-7

Bd. II/I
Leo Graf von Caprivi. Die Reden des Grafen von Caprivi
Autor: Leo Graf von Caprivi (Hrsg. Rudolf Arndt)
ISBN (HC): 978-3-86347-146-0
(PB): 978-3-86347-147-7

Bd. II/II
Leo Graf von Caprivi. Bismarcks Kampf gegen Caprivi
Autor: Julius von Eckardt
ISBN (HC): 978-3-86347-153-8
(PB): 978-3-86347-154-5

Bd. III/I
Chlodwig Fürst zu Hohenlohe-Schillingsfürst. Zu seinem hundertsten Geburtstag
Autor: Friedrich Curtius
ISBN (HC): 978-3-86347-090-6
(PB): 978-3-86347-089-0

Bd. IV/I
Bernhard von Bülow - Deutsche Politik
Autor: Bernhard von Bülow
ISBN (HC): 978-3-86347-096-8
(PB): 978-3-86347-095-1

In der Reihe *Deutsches Reich – Schriften und Diskurse: Reichskanzler*
ist bereits erschienen:

Bd. V/I
Theobald von Bethmann Hollweg - der fünfte Reichskanzler
Autor: Gottlob Egelhaaf
ISBN (HC):   978-3-86347-088-3
    (PB):   978-3-86347-087-6

Bd. VI/I
Georg Michaelis - Für Staat und Volk. Eine Lebensgeschichte
Autor: Georg Michaelis
ISBN (HC):   978-3-86347-092-2
    (PB):   978-3-86347-091-3

Bd. VII/I
Georg von Hertling - Recht, Staat und Gesellschaft
Autor: Georg von Hertling
ISBN (HC):   978-3-86347-094-4
    (PB):   978-3-86347-093-7

Bd. VIII/I
Prinz Max von Baden - Erinnerungen und Dokumente
Autor: Prinz Max von Baden
ISBN (HC):   978-3-86347-086-9
    (PB):   978-3-86347-085-2

Bd. VIII/II
Prinz Max von Baden - Die moralische Offensive. Deutschlands Kampf um sein Recht
Autor: Prinz Max von Baden
ISBN (HC):   978-3-86347-084-5
    (PB):   978-3-86347-083-8

Bd. I/V
Otto Fürst von Bismarck – Sein Leben und Werk
Autor: Adolf Matthias
ISBN (HC):   978-3-86347-204-7
    (PB):   978-3-86347-205-4

Bd. VI/II
Georg Michaelis – Weltreisegedanken
Autor: Georg Michaelis
ISBN (HC):   978-3-86347-207-8
    (PB):   978-3-86347-208-5

In der Reihe *Deutsches Reich – Schriften und Diskurse: Reichskanzler* **ist bereits erschienen:**

Bd. IX/II
Philipp Scheidemann – Der Zusammenbruch
Autor: Philipp Scheidemann
ISBN (HC):   978-3-86347-219-1
   (PB):   978-3-86347-220-7

Bd. I/VI
Otto Fürst von Bismarck – Bismarck und Österreich
Autor: Franz Zweybrück
ISBN (HC):   978-3-86347-216-0
   (PB):   978-3-86347-217-7

Bd. I/VII
Otto Fürst von Bismarck. Eine Biographie zu seinem einhundertsten Geburtstag
Autor: Franz Geppert
ISBN (HC):   978-3-86347-224-5
   (PB):   978-3-86347-225-2

In der Reihe *Deutsches Reich – Schriften und Diskurse: Reichskanzler* **erscheint demnächst:**

Bd. VI/II
Georg Michaelis – Weltreisegedanken
Autor: Georg Michaelis
ISBN (HC):   978-3-86347-207-8
    (PB):   978-3-86347-208-5

Bd. IX/II
Philipp Scheidemann – Der Zusammenbruch
Autor: Philipp Scheidemann
ISBN (HC):   978-3-86347-219-1
    (PB):   978-3-86347-220-7

Bd. I/VI
Otto Fürst von Bismarck – Bismarck und Österreich
Autor: Franz Zweybrück
ISBN (HC):   978-3-86347-216-0
    (PB):   978-3-86347-217-7

Bd. I/IX
Otto Fürst von Bismarck – Johanna von Bismarck, die Frau Otto von Bismarcks
Autor: Eduard Heyck
ISBN (HC):   978-3-86347-230-6
    (PB):   978-3-86347-231-3

Bd. I/X
Otto Fürst von Bismarck
Autor: Eduard Heyck
ISBN (HC):   978-3-86347-233-7
    (PB):   978-3-86347-234-4

Bd. I/XI
Otto Fürst von Bismarck – Zwölf Bismarcks
Autor: Walter Flex
ISBN (HC):   978-3-86347-236-8
    (PB):   978-3-86347-237-5

Jeder Titel der Reihe erscheint im SEVERUS Verlag in zwei Ausgaben:

Hardcover (HC)

Paperback (PB)

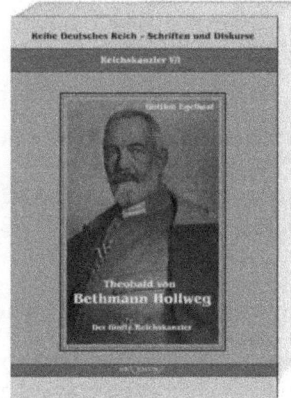

Bei offenen Fragen, Anregungen oder Wünschen kontaktieren Sie uns gern:

SEVERUS Verlag
Hermannstal 119 k • D-22119 Hamburg • Fon: +49 - (0)40 - 655 99 2-0
Fax: +49 - 0)40 - 655 99 2-22 • kontakt@severus-verlag.de

www.severus-verlag.de

www.ingramcontent.com/pod-product-compliance
Lightning Source LLC
Chambersburg PA
CBHW020811100426
42814CB00001B/26